ELOGIOS PARA
Determinada a triunfar de Dra. Washington

"Las memorias inspiradoras de Washington funden la historia del movimiento por los derechos civiles con una increíble narración de sus luchas de vida que dejan al lector impresionado e inspirado por su fe en Dios".

—Diann Dawson, Presidente, Potomac Valley Section
National Council of Negro Women, Inc. (NCNW)

"La historia de la Dra. Hattie Washington presenta lo mejor de la determinación estadounidense. A pesar de que comenzó su vida de manera humilde en las áreas rurales de Virginia, ella usó la educación como escalón para lograr altos niveles de excelencia. Sus logros son un modelo para jóvenes en todas partes".

—Dr. Stephanie E. Myers, National Co-Chair
Black Women for Positive Change

"Las intervenciones divinas de Washington son cautivadoras e inspiran al lector a reflexionar sobre su propia vida y punto de vista".

—Jacquelyn Gaines, National Speaker, Business Executive
y autora del bestseller *The Yellow Suit: A Guide for Women in Leadership*

DETERMINADA A TRIUNFAR

DETERMINADA A TRIUNFAR

~Unas memorias inspiradoras de lecciones aprendidas a través de la fe, la familia y el favor~

Dra. Hattie N. Washington

Traducción de Silvia P. Heredia

Hanover • Jacksonville • Virginia Beach • Norfolk

DETERMINADA A TRIUNFAR: Unas memorias inspiradoras de lecciones aprendidas a través de la fe, la familia y el favor.

© Derechos de autor 2020 de Dra. Hattie N. Washington. Todos los derechos reservados. Impreso en los Estados Unidos de América. Ninguna parte de este libro puede ser utilizada o reproducida de alguna manera sin permiso escrito, con la excepción de citas breves, poemas, o anécdotas en artículos críticos que den crédito a la autora. Publicado por Washington Publishing Enterprises, 7789 Arundel Mills Blvd., #224, Hanover, Maryland 21076, USA.

La autora y presidente/CEO de Washington Publishing Enterprises está disponible para sus eventos en vivo: discursos, talleres, entrenamientos, consultas, clubs de lectura, presentaciones de libro, etc. Para más información o agendar un evento con la autora visite nuestro sitio de internet www.drhnwashington.com o envíe un correo electrónico a drhattie@washingtonpublishingenterprises.com.

Para obtener más información sobre descuentos especiales para ordenes de mayoreo, favor de contactar a ventas especiales de Washington Publishing Enterprises al 443-804-6545, o comunicarse via https://www.ingramcontent.com/retailers/ordering o llamando al 1-855-997-7275(US) o al +44(0)808 164 8277 (INTL).

Portada y logo diseñados por Bruce Smallwood de Mt. Vernon Marketing.

Fotos de portada por Kea Taylor de Imagine Photography.

Fotos de portada de presidente Bill Clinton, Dra. Dorothy Height y la actriz Victoria Rowell son cortesía de la autora.

Traducción de Silvia P. Heredia

Composición tipográfica por Alan Gold

Todas las fotografías son cortesía de la autora a menos que se indique lo contrario.

Library of Congress Number: 2019905485

Library of Congress Cataloging-in-Publication Data Washington, Dr. Hattie N.
Driven To Succeed: An Inspirational Memoir of Lessons Learned Through Faith, Family and Favor/Dr. Hattie Washington
p. cm

Paperback: ISBN:	13: 978-1-950707-06-5
	10: 1-950707-06-7
Hardcopy: ISBN:	13: 978-1-950707-07-2
	10: 1-950707-07-05
E-Book: ISBN:	13: 978-1-950707-08-9
	10: 1-950707-08-3

Printed in the United States of America
10 9 8 7 6 5 4 3 2 1

Nota de la casa editora

Escanear, descargar o distribuir este libro en el internet o vía otros medios sin el permiso del editor o la escritora es ilegal y punible bajo la ley. Favor de comprar solo ediciones electrónicas autorizadas y no participe o apoye la piratería electrónica de materiales con derecho de autor. Se agradece su apoyo a los derechos de autor.

Nota de la autora

He tratado de recrear eventos, lugares y conversaciones de mis recuerdos. Para proteger la anonimidad, en algunas instancias he cambiado el nombre de individuos y de lugares. Tal vez cambié características o detalles como propiedades físicas, ocupaciones, y lugares de residencia.

No hubo miedo. Solo sentí: éste es tu momento,
¡APROVÉCHALO!

– BARBARA JOHNS

QUIERO DEDICAR MI LIBRO A

*mi tía de 90 años de edad, Hattie Kindred Fenner, la matriarca de la familia y por quién me nombraron
(Falleció desde la publicación inicial de este libro en 2015)*

AGRADECIMIENTOS

Quisiera agradecer personalmente a las siguientes personas por sus contribuciones y su sabiduría en ayudar a crear este libro: mi primo inspirador, Lorenzo Goganious, el patriarca de la familia y más un hermano para mí, quien me dio la idea y el ánimo para escribir mis memorias.

Gracias a mis dos hijas, Charrell Washington-Thomas, MD, y Cheryl Washington, Esq., de quienes me siento tan orgullosa e increíblemente bendecida por haberlas visto crecer en mujeres extraordinarias; a mi hijo-acogido Wayne Saunders; a mi yerno "favorito", Sean Thomas; y a mis nietas maravillosas, Cameron y Reagan Thomas. Gracias a todos por leer mi libro y por alentarme a terminar mis memorias.

Gracias a mis hijos-acogidos –niños en el sistema de crianza temporal– de todos estos años. Ustedes me han inspirado más de lo que saben para escribir mi historia.

Para aquellos que me apoyaron y dieron de su tiempo para leer mi libro y darme retroalimentación crítica y valiosa: Julie Haskins-Turner, Marilyn Massey-Ball, Stephanie Parrish, Dr. Lucille Ellis, Cheryl Washington, Charrell W. Thomas, Sean Thomas, Bettie Goganious, Vivian Malloy, Eunita Winkey, Diane Battle, Dra. Melody Jackson, Laura Goodman, Wayne Saunders, Charlene Weston, Diann Dawson y Brenita Young de NCNW-PVS, Audrey Meredith, directora de la junta directiva de Aunt Hattie's Place, La Casa de Tía Hattie; Reverenda Lisa Holloway de Circle Fellowship Church, Kathy Hambrecht, Jon Winter, Mary Johnson y Pamela Hendershot de Hope House of Maryland, y Emily Vaias de Linowes & Blocher.

Muchas gracias y aprecio para Bruce Smallwood de Mt. Vernon Marketing, por su experiencia inestimable y amistosa a lo largo del proceso de auto-publicación –desde diseñar mi logo para mi nueva empresa editorial y las portadas del libro, a formatear el libro. También doy gracias a varios de mis compañeros autores que compartieron grandes consejos, críticas, y recursos y servicios disponibles para autores y editores. Ustedes hicieron este proceso una experiencia espiritual y emocional.

Finalmente, pero de ninguna manera en último lugar en cuanto a significado, mi rezo, "Gracias, Dios": Doy Gracias a Dios por Su Poder Todopoderoso y Su Favor en mí para darme la fuerza, la inspiración, la sabiduría, y el ingenio para escribir estas memorias y ofrecer aprecio, reconocimiento y exhortación a Su Nombre. Que Dios bendiga a cada persona que lee este libro y que actúa para corresponderle a su comunidad y hacer una diferencia en el mundo. Amén.

*No hay mayor agonía que aguantarse y no contar
una historia que tienes dentro de ti.*

– MAYA ANGELOU, *Yo sé por qué canta el pájaro enjaulado*

ÍNDICE

Agradecimientos xiii
Introducción xix

~PARTE UNO~
LA FE Y LA FAMILIA

CAPÍTULO 1: La primera ola de *Baby Boomers*:
                    Tratando de hacer una diferencia. 3
CAPÍTULO 2: Dónde todo empezó 21
CAPÍTULO 3: Resistencia masiva en un pueblo pequeño:
                    El cierre de escuelas. 29
CAPÍTULO 4: De regreso a casa 61
CAPÍTULO 5: Elevando la barra: Criando a mis hijas a ser
                    mujeres profesionales 91
CAPÍTULO 6: El secreto oscuro 107

~PARTE DOS~
LA FE Y EL FAVOR

CAPÍTULO 7: Aunt Hattie's Place, La Casa de Tía Hattie 125
CAPÍTULO 8: "Si logro crecer y ser grande" 137
CAPÍTULO 9: Madres y padres mentores 151
CAPÍTULO 10: Milagros: Intervención divina 191
CAPÍTULO 11: Lecciones aprendidas. 201

Cartas de agradecimiento de mis hijas e hijo 210
Recursos 215
Reconocimiento 221

INTRODUCCIÓN

Todo lo puedo en Cristo que me fortalece.
— **FILIPENSES 4:13 (RVR)**

Un día, una joven de 16 años de edad decidió que estaba harta de las terribles condiciones de su escuela preparatoria —una escuela construida para albergar a 180 estudiantes, pero que en realidad albergaba a 450. Para apaciguar a los estudiantes y a los padres, en vez de construir una escuela más grande, el condado construyó edificios temporales que parecían gallineros para albergar al gran número de estudiantes negros. Esa joven de 16 años y sus compañeros de clase realizaron un *walk out*, salieron caminando de su escuela en protesta e hicieron historia.

El día fue 23 de abril de 1951, cuando el precio promedio de la gasolina en los Estados Unidos era diez centavos el galón. El nombre de la joven estudiante era Barbara Johns, sobrina del pionero de los derechos civiles, el Reverendo Vernon Johns. La preparatoria fue R. R. Moton High School. Barbara Johns no tan solo organizó la huelga que duró dos semanas, pero junto con su tío llamó al NAACP, National Association for the Advancement of Colored People, la Asociación Nacional para el Avance de las Personas de Color, que contaba con los abogados notables, Thurgood Marshall –quien se convirtió en el primer juez afro-americano de la Corte Suprema– y Oliver W. Hill, para apoyarlos en su lucha por mejores instalaciones. Lo más significativo de la huelga en R. R. Moton High School es que fue el catalizador para el histórico caso precedente, *Brown v. Board of Education,* el cual puso fin a la segregación racial en las escuelas.

Yo era demasiado joven cuando sucedió la huelga; sin embargo, así como Barbara Johns y otras figuras prominentes que ya mencioné, yo también experimenté el racismo, aún después que las políticas de "*separate but equal*, separados pero iguales" fueron rechazadas por la Corte Suprema de los Estados Unidos. Y como Barbara Johns, yo viví en Prince Edward County en Virginia en mis años de infancia, época del movimiento de derechos civiles, tiempo en el que personas afro-americanas no eras tratadas con el mismo respeto u ofrecidas las mismas oportunidades que las personas blancas. Como bien lo dijo Barbara Johns: "Era como tratar de llegar a la luna".

En el verano de 1959, a la edad de trece años, aprendí que estaría dejando la única familia que conocía. Me mandarían a vivir a otra ciudad para poder continuar mi educación, porque el condado en que vivía había elegido cerrar sus escuelas en vez de abolir la segregación en éstas. A pesar de estar devastada por tener que irme, me propuse ejecutar un plan de sobrevivencia para mi vida e hice cada esfuerzo por realizar las cosas que quería y que esperaba obtener. Al pensar en esta etapa temprana de mi vida, me doy cuenta de lo afortunada que fui en haber tenido un padre que me quiso incondicionalmente y quien fue el mayor modelo a seguir. A pesar que nos encontrábamos en un periodo de incertidumbre, entre la segregación y el abolir la segregación, mi padre me enseñó valores y morales que me guían hasta el día de hoy.

Mi padre me enseñó: "Si no representas algo, representarás cualquier cosa; Tenemos que estar lo doble de preparados para obtener la mitad de una oportunidad; Cuando se te brinde una oportunidad, trabaja lo doble de duro y demuestra que tienes la capacidad, y que no eres solamente un *token*, o una ficha simbólica, de ti, tu familia o raza; Es bonito ser importante, pero es más importante ser amable"; y muchas otras perlas de sabiduría. Les he pasado a mis hijas, a mis hijos-acogidos y a mis nietas, estos mismos principios y morales.

Mi primo-hermano, Lorenzo Goganious, a quien considero más un hermano que primo, me llamó cerca de las 6:30 A.M. un día en febrero de 2014. Me dijo que había tenido una revelación: yo tenía que escribir un libro para compartir mis principios de ser madre que usé para criar a mis hijas –una es una doctora de medicina y la otra es una abogada– y para ayudar a mis hijos-acogidos del sistema de crianza temporal y estudiantes a creer y a sobresalir todos estos años.

Verdaderamente fue una revelación porque ese mismo día en la tarde, recibí otra confirmación de mi buena amiga, Marilyn Massey-Ball, para escribir mi libro. Platicamos la idea mientras cenamos filete de pescado frito y dos rebanadas de una torta *Smith Island* de nueve capas de piña y coco (una delicia obligada) en el famoso Crisfield Restaurant en Silver Spring, Maryland.

Después de ambas afirmaciones y otra revelación espiritual previa, supe que era tiempo de escribir mi libro, ya que había estado retrasando el proyecto por ayudar a hacer una diferencia en la vida de niños-acogidos que lo merecían. Había comenzado a anotar anécdotas y eventos de mi vida que me habían impulsado y que me inspiraban día a día. Ahora, unos veinte años después, me senté, en esta época "tranquila" de mi vida, a escribir la historia de mi vida, la cual muchos ven como inspiradora. La verdad es que a lo largo de los años que he presentado, enseñado y animado a otros a alcanzar sus sueños, he compartido mi historia con mucha gente, y ellos la encuentran intrigante e inspiradora. Se sorprenden al aprender sobre las luchas que he enfrentado para ser quien soy hoy. Estoy agradecida por la gracia de Dios en mi vida. Cuando fui niña y mujer joven, tantas cosas trataron de impedir mi camino. La gente no siempre ha sido amable y yo he tenido que derrumbar puertas con el arsenal de mi educación, optimismo y personalidad agradable. Otra cosa que me ayudó es que nunca he tratado a la gente como si fuese inferior a mí, sin importar mis títulos adquiridos.

¿Cómo no va a sentirse bendecida y agradecida esta niña de campo al ver de dónde vino y lo lejos que ha llegado? Se me hace increíble como personas que han obtenido mucho éxito en la vida se les olvida cómo llegaron ahí y quién les ayudó en el camino. Creo en ese verso famoso de "Meditación XVII" del poeta inglés John Donne, "Ningún hombre es una isla por sí sola", o sea, todos necesitamos un mentor o una persona que nos anime o nos inspire confianza. Con esto en mente llegué más lejos en la vida, como cuando fui favorecida para estar en la presencia de personas fenomenales como nuestro presidente número 42, William Jefferson "Bill" Clinton; la educadora y la activista de derechos civiles, la finada Dra. Dorothy Height; y la célebre actriz de película y televisión, Victoria Rowell, para mencionar algunos. Más adelante, entraré en mayor detalle acerca de las influencias que han tenido en mi vida estas personas célebres.

Mi historia refleja el impacto que tuvieron la abolición de la segregación en las escuelas y el cierre de escuelas durante mi niñez en Prince Edward County, Virginia, y en años posteriores. Como una niña sureña de campo, navegué mi vida sin mapa, pero guiada por optimismo, expectativas altas y una fe en Dios que me permitieron ser una estudiante de honor, una madre orgullosa de dos hijas exitosas, y una orgullosa madre-temporal de más de 100 niños-acogidos en un periodo de mas de veinte años.

Nunca he sido el tipo de persona a quien simplemente le gusta hablar o quejarse de alguien o algo en cualquier problema o situación; yo respaldo mis palabras con la acción. Espero que este libro sirva como inspiración e información para que todo lector sepa cómo fueron los tiempos pasados; pero más importante, quiero que demuestre al lector que cualquier persona puede convertir sus luchas y retrasos en un plan de acción inspirador para su vida. También, que su plan de acción puede resultar en una carrera emocionante y gratificante si se dejan de excusas y hacen el trabajo duro y necesario para hacer sus sueños una realidad.

Amor y bendiciones,
Tía Hattie

Apuntar bajo es pecado

*Debe grabarse en la mente que
La tragedia de la vida no yace en no alcanzar sus metas.
La tragedia yace en no tener una meta que alcanzar.
No es una desgracia morirse con sueños sin
cumplir, pero sí es una desgracia no soñar.
No es un desastre no poder capturar tu ideal, pero es
un desastre no tener un ideal que capturar.
No es una desgracia no tratar de alcanzar las estrellas,
pero sí es una desgracia no tener estrellas que alcanzar.
Más no fracasar, sino apuntar bajo es pecado.*

– BENJAMIN ELIJAH MAYS

~ PARTE UNO ~

La fe y la familia

Y mirándolos Jesús, les dijo: Para los hombres esto es imposible; mas para Dios todo es posible.
— **MATEO 19:26 (RVR)**

El hermoso dibujo que hizo mi nieta, Reagan, de mí y el optimismo de mi vuelo –el estar en las manos de Dios al final de su arcoíris.
Lo titulé *Sobre las nubes*.

CAPÍTULO 1

La primera ola de Baby Boomers:
Tratando de hacer una diferencia

Entre más alabes y celebres tu vida, más hay en tu vida que celebrar.
— OPRAH WINFREY

¡Sí! Soy parte de la primera ola de *Baby Boomers*. El Censo de los Estados Unidos considera a alguien ser un *Baby Boomer* si nació durante el búm demográfico de nacimientos que ocurrió entre 1946 y 1964. El presidente Barack Obama, el presidente Bill Clinton, su esposa, Hillary Clinton, Oprah Winfrey, Bill Gates, Denzel Washington, Jimmy Buffett, Ellen DeGeneres, Branford Marsalis y Mary Barra son solo algunos de los 76 millones que también forman parte de esta generación especial. Somos la generación más grande de estadounidenses nacidos en la historia del país. Mi interpretación personal: somos aquella generación extraordinaria que, aunque enfrentamos retos y retrasos en el camino, triunfamos y conseguimos un cambio no tan solo para nuestra generación de *Baby Boomers* sino también para futuras generaciones.

Mientras estoy muy sobre las nubes en un avión con ruta a la Florida de Baltimore, para visitar a mis nietas de siete y diez años en el Día de los Abuelos en su escuela primaria, mi corazón está lleno con una dicha tremenda. Dios me ha bendecido y me ha permitido ser una bendición para otros. A pesar que el día está nublado allá abajo, el sol sobre las nubes entra por la ventanilla del avión con sus rayos de luz multicolor. Siento esta sensación calmante y serena de estar mágicamente flotando sobre las nubes. Mis ojos están cerrados y siento una sensación espiritual de estar siendo llevada por Dios hacia mi próximo destino –cualquiera que sea, y lo que sea, que Él tenga para mí.

Mis problemas mundanos son controlados por mi Padre Celestial y Él me está diciendo que todo va a salir bien si mantengo la fe. Siento un sentido de poder al saber que Dios creó este universo y controla el clima, las estaciones, las hojas, el pasto, los cerezos y todas las criaturas vivientes. Dios controla cada día y Él decide la línea de tiempo de los eventos y las circunstancias que no se pueden controlar. Como yo creo y tengo fe en Dios, pensé, *¿cómo puedo confiar más en el piloto de este avión en llevarme a mi destino, que en Dios que creó todo este universo?* Me relajo hacia atrás y siento que ésta es otra señal que le había pedido a Dios que me mostrara sobre el camino de mi vida y el significado de las cosas que me han pasado.

Un par de horas después, llego a la casa de mi hija; ella ya conoce mi triste historia, después de pasar muchos días en el teléfono con ella. Necesitaba a alguien que me escuchara y me ayudara a sobrellevar este periodo triste de mi vida. Después de operar solo tres años, Aunt Hattie's Place, La Casa de Tía Hattie, la tercera casa de crianza temporal ecológica de Sandy Spring, Maryland, al igual que numerosas otras casas de crianza temporal en el estado, está siendo reducida, acción desatada por una iniciativa estatal llamada Place Matters. La iniciativa fue diseñada para mantener a niños con familias, primero, y disminuir el número de niños en cuidado médico. Subsecuentemente, esta falta de fondos del estado me obligó a vender la casa de crianza temporal para niños y mi casa personal para pagar el préstamo de la construcción.

Mi hija pone su mano sobre mi hombro mientras me consuela y me anima. Le digo como le he dicho a otros, me siento decepcionada, pero también honrada y dichosa de haber podido ayudar a tantos adolescentes afligidos a no convertirse en una triste estadística más, especialmente los hombres jóvenes negros. La razón por la que me importan tanto los hombres jóvenes negros es porque, aún después de las marchas por los derechos civiles de los años sesenta y el discurso del Dr. Martin Luther King, Jr. "I Have A Dream, Tengo un sueño", personas de color continúan siendo desproporcionadamente encarceladas, vigiladas y sentenciadas a muerte en índices más altos que sus compañeros blancos. Según la Agencia de Estadísticas de Justicia, uno de cada tres hombres negros puede esperar ir a la prisión en el transcurso de su vida. Definitivamente son estadísticas muy preocupantes y lúgubres, y no parecen estar mejorando.

Ansiosa por hacer una diferencia en la comunidad y en el mundo, fundé mi primer *group home for foster boys*, casa de crianza temporal para niños en el sistema de colocación, Aunt Hattie's Place (AHP), La Casa de Tía Hattie, en 1977. Los niños, que habían sido maltratados, descuidados y/o abandonados, estaban muy contentos de quedarse en La Casa de Tía Hattie. Mientras se quedaban en La Casa de Tía Hattie, ellos podían asistir a escuelas públicas o privadas, comer tres comidas caseras al día, y estar en un ambiente limpio y ordenado. El personal de La Casa de Tía Hattie implementaba reglas y ofrecía consejería y estructuras muy distintas de los lugares que los jóvenes habían dejado.

A pesar que La Casa de Tía Hattie recién construida para jóvenes en Sandy Spring está cerrada, estoy agradecida de tener otra casa de crianza temporal para niños en Baltimore City. Tener la oportunidad de enseñar a jóvenes me ha permitido seguir adelante en esta jornada interminable de hacer una diferencia y ayudar a personas, así como otros me ayudaron a mí.

Mientras tanto, mi nieta, Reagan (la artista emergente de la familia), escuchaba atentamente la conversación y dibujaba, como frecuenta hacer. Al terminar, me presentó lo que dibujó. Captó todo lo que yo había hablado con su mamá, al igual que sus propios embellecimientos.

Mis ojos se pusieron vidriosos por las lágrimas. En el dibujo, yo estoy viendo las nubes por la ventana del avión y un gran arcoíris circunda el avión. En cada punta del arcoíris ella ha escrito la palabra "Dios". Me explica que Dios me está cuidando, porque ella reza por mí y mis hijos-acogidos constantemente y todas las noches. Me siento tan conmovida y plena que no puedo responder. Le doy el abrazo más grande y las gracias por haber captado la esencia de toda la conversación y exactamente cómo se sentía su abuela.

Considero este evento como otra señal de que Dios está al tanto de Su plan para mí, y que necesito quedarme quieta y ser paciente. Otra cosa grata es que Dios habla a través de los niños. Así que es mejor que la gente escuche y entienda lo que Él nos quiere revelar.

Después de nuestra conversación, reflexiono sobre mi vida y su rica complejidad que define la persona que soy hoy día, un pasado lleno de triunfos y de retos. En un punto de mi vida, para superar los sentimientos de la soledad y la traición usaba mis más añorados recuerdos de infancia como medicina para aliviar el dolor. Muchas personas permiten que los obstáculos les ganen y se dan por vencidas, pero yo decidí hace mucho aprender de los retos que se me ponen en frente. Estos retos me han hecho más fuerte y resistente.

La tenacidad y la valentía corren por mis venas, y créame, he tenido mi parte de dificultades. Cuando personas tenían expectativas muy bajas de mí, convertía estas bajas expectativas y actitudes negativas en una fuerza motivadora para mí. Demostraba una actitud de "ya verás". También tuve fe en Dios, fe en mí misma, y trabajé duro para hacer las cosas una realidad. He aprendido con los años que las cosas suceden por alguna razón. Mi pastor, el Reverendo Haywood

A. Robinson, III de la iglesia baptista The People's Community Baptist Church en Maryland, muchas veces me ha recalcado esta lección de perspectiva al decir, "Dios cierra una puerta y abre otra". De joven, escuché a mi padre decir numerosas veces, "Lo que no te mata te fortalece".

~

Fue hace casi veinte años, cuando fui superintendente asistente de las escuelas de Baltimore, que originó la misión de La Casa de Tía Hattie. En aquel entonces, tenía licencia para que mi casa personal sirviera como *foster home*, una casa de crianza temporal para niños, y me convertí en *foster parent*, un padre de crianza temporal. Para mí, es como si solo ayer estaba manejando por la Avenida Park Heights en mi distrito escolar. Estaba visitando diferentes escuelas cuando noté a tres jóvenes adolescentes, parados en una esquina. Miré mi reloj y rápido me di cuenta que eran horas de escuela. Siendo no tan solo superintendente asistente sino también madre, manejé hacia los jóvenes y paré el carro. Bajé la ventana y les pregunté con autoridad:

—Perdonen jóvenes, ¿por qué no están en la escuela? —los tres jóvenes se miraron entre sí y después me miraron a mí como diciendo, ¿y ésta quién es?—. Soy la superintendente asistente del Sistema de Escuelas Públicas de Baltimore. Este es mi distrito escolar y ustedes están parados en mi calle en pleno día. Así que les voy a volver a preguntar, ¿por qué no están en la escuela? Y ¿a qué escuela van?

El joven más grande, que parecía mayor que los otros dos, dijo:

—Mi nombre es Jonathan y estos son mis amigos, Charles y Jerome. No tienen dónde ir. Están fuera de la escuela hasta que su trabajadora social les encuentre dónde vivir —es más, no sabían a qué escuela asistir porque no tenían una dirección de domicilio actual.

Tras escuchar esto y el hecho de que uno de los jóvenes no había asistido a la escuela por semanas ya, me quedé boquiabierta y con grandes ojos de asombro. Siendo una madre preocupada que no quisiera ver a sus hijas desamparadas en las calles, ni a hijos ajenos, instintivamente les dije a los tres muchachos que se subieran a mi carro.

Al principio estaban renuentes, lo cual entendí. Les di crédito por ser cautelosos conmigo por ser una extraña, pero tras sentir mi preocupación y mi exigencia seria de que se subieran al carro, aceptaron. También ayudó el hecho de que les ofrecí una comida de McDonald's cuando me dijeron que no habían comido. Dos de ellos se subieron atrás y el mayor se subió en frente. Rara la vez voy a McDonald's para mí, prefiero comida casera en vez de comida rápida, pero no tenía tiempo que perder y tenía que tomar una decisión sobre qué hacer con los muchachos.

Diez minutos después llamé a mi secretaría y le expliqué la situación. Le dije que cancelara todas mis citas del día y llamara a Servicios Sociales inmediatamente. Quería llegar al fondo de la situación. ¿Cómo era posible que niños no estuvieran en la escuela día tras día, inclusive por semanas, y nadie reportara las ausencias, o se preocupara por qué les pasó, o por buscarlos?

Camino al McDonald's, aprendí sus edades: 11, 12, y 13 años. El más grande actuaba como el hermano mayor, cargando con toda la responsabilidad que conlleva el trabajo. Pareció sentirse más cómodo conmigo y comentó que tenía un auto bonito. Le pregunté sí él tampoco tenía casa. Él asentó con la cabeza y se reclinó en el asiento del carro más relajado, como si nos conociéramos de años y estábamos saliendo de paseo. Entonces me dijo que él se quedaba con su abuelita y que secretamente dejaba que sus amigos (los apuntó con la cabeza) se quedaran en el sótano de su abuelita porque no tenían dónde ir. Le dije que eso era muy amable de su parte, pero que aún así necesitaba estar en la escuela. Rápido me informó que él iba a la escuela cuando él quería, y que hoy era un día que no quería ir.

Después de que el líder del grupo compartió su razón de no ir a la escuela, empecé a sentir muchas emociones, de tristeza a coraje. Detestaba ver a jóvenes en situaciones difíciles y peor aún, ver que jóvenes no se preocuparan por su educación. Es más, como maestra, también me preocupaba que ellos sentían que nada interesante o divertido sucedía en la escuela, razón por la que solo iban cuando ellos querían. Tenía yo fe de que estos jóvenes negros podrían tener futuros brillantes si tuvieran los mentores apropiados en sus vidas para ayudarles a cambiar de mentalidad. Sin mentores, ellos podrían llegar a ser parte del sistema de justicia criminal, o peor aún, estar muertos.

~

Después de salir del McDonald's, mientras los muchachos comían sus hamburguesas y papas fritas, hablaban entre ellos sobre el fútbol americano y el baloncesto. Los escuché decir:

—Cuando crezca voy a jugar para los Baltimore Ravens.

—En tus sueños. Mi abuelita tiene mejor chance de entrar al equipo de los Ravens que tú —contestó jugando el líder del grupo, mientras que el más chico, que también era el más callado, echó una carcajada.

Por el espejo miré a los dos atrás y les dije:

—Ustedes pueden ser lo que quieran, siempre y cuando crean en sí mismos y hagan el trabajo para lograrlo.

No respondieron a mis palabras de aliento, pero parecían estar reflexionando sobre su mensaje, como si nadie hubiese creído en ellos antes o les había dado esperanza para su futuro.

Jonathan le dio una mordida a su hamburguesa y volteó su cabeza para mirar por la ventanilla del pasajero, muy pensativo. Volteó a mirarme con ojos tristes. Yo le dije:

—Y tú también puedes.

El muchacho asentó con la cabeza y se volvió a voltear hacía la ventanilla. Por un momento pensé si mi encuentro con estos jóvenes era casualidad o una intervención divina. Después de este encuentro con los jóvenes en la calle, organicé una reunión especial con todos los directores de escuelas en el distrito escolar noroeste y les requerí que todos los días me mandaran por correo electrónico los nombres de todos los estudiantes ausentes de la escuela ese día. Es más, también requerí los nombres de los maestros ausentes. Varios maestros notoriamente se tomaban libres los lunes y viernes, y esto no era aceptable en mi distrito escolar.

Estaba consciente del hecho que muchos estudiantes venían de familias disfuncionales y necesitaban un ambiente acogedor constante durante la semana en la escuela. Muchos estudiantes son testigo de violencia en la vecindad y en el hogar, y al regresar a la escuela y no ver su maestra regular sino a una maestra substituta, esto contribuye a su sentimiento de inestabilidad y desencanto con la escuela. Los estudiantes podrían desarrollar una actitud negativa de pensar que ni sus propios maestros están entusiasmados de venir a la escuela.

Estacioné el carro en mi espacio designado y les dije a los muchachos:

—Vamos adentro.

Todos nos bajamos del carro y ellos me siguieron hasta mi oficina. Les dije que me esperaran ahí, señalando al lado de mi oficina el cuartito cálido y acogedor y pintado color rosa a propósito. Durante mis años de enseñar a jóvenes en educación especial, aprendí a través de la experiencia que los colores tienen varios efectos sobre las personas. El "salón rosa" es una de mis iniciativas que utilizo con estudiantes que tienen problemas severos de aprendizaje y comportamiento. Como he hecho esto por tanto tiempo, siento que es mi llamado. Muchas de estas técnicas se compartirán más adelante en el libro.

Los muchachos se comportaron como caballeros. Se sentaron al lado de la mesa de centro donde estaban las revistas de *National Geographic* y un contenedor de cristal lleno de mentas. En el trasfondo tocaba música suave. El salón tenía cortinas de encaje preciosas con un volante color rosa que colgaba a cada lado en forma de guirnalda. Había una alfombra blanca bajo la mesa de centro que combinaba con las cortinas y los cojines en el sofá color beige. El color rosa y el ambiente acogedor del salón tenían un efecto calmante para niños con problemas de ira, y hasta para padres fastidiados.

Mi salón rosa fue todo un éxito y muchos directores crearon su propio "salón rosa" en sus escuelas. Ya que había retado a mis directores a optar por la iniciativa novedosa de no suspender a estudiantes por pequeños incidentes de comportamiento sino primero implementar una alternativa en su escuela, muchos directores pensaron que valía la pena tratar un "salón rosa". Subsecuentemente, si los directores no lograban cambiar el comportamiento inapropiado del estudiante dentro de cierto tiempo, tenían que entonces referir el estudiante a mi oficina.

~

Después de ver que los muchachos se sentían cómodos, fui rápido a mi oficina y puse mi bolsa sobre mi escritorio. Entró mi secretaria y me entregó una nota. Después, la noticia que no esperaba escuchar salió se su boca:

—Servicios Sociales dice que esos muchachos se fugaron de sus casas.

La miré con ojos de asombro y dije:

—¿Los están buscando en sus casas? ¿Qué significa eso?

Ella encogió sus hombros y me dio una cara de "yo no sé". Concentré mi mirada en ella, pensando, "no puedo regresar a estos muchachos a la esquina de la calle y permitir que anden como perros vagabundos". No eran perros vagabundos, eran seres humanos que necesitaban dirección, calor, y más que nada, amor. Mi corazón no lo podía permitir. Moví mi cabeza de lado a lado pensando en el bienestar de ellos. Mi mente deambulaba por todas partes. Antes de la junta directiva, llamé el número que me dio mi secretaria y pregunté cuánto tiempo tenía para encontrarles una casa a los muchachos.

Dado que estos muchachos tenían antecedentes de ser fugitivos perpetuos (conocidos como AWOLs, Absence Without Leave, ausencia sin permiso), me dio la impresión que Servicios Sociales no tenía prisa en encontrarles un hogar temporal. Los muchachos tampoco parecían tener prisa en ser colocados en uno.

Horas después, aún no había obtenido respuesta de Servicios Sociales y ya casi era hora para mi reunión con la junta directiva. Al final, llevé a Charles y a Jerome, los dos más jóvenes, conmigo a la reunión. Jonathan, el mayor, regresó con su abuela. En la reunión, le di a cada uno una tarea para que no se aburrieran. Había comprado un par de cámaras desechables en la farmacia antes de llegar. Les instruí que tomaran fotos y notas de cada hablante y que escribieran una breve descripción de lo que habían escuchado. Después de la reunión me mostraron lo que escribieron. Me di cuenta que estos jóvenes no eran tontos para nada. Habían seguido las instrucciones que les di e hicieron un trabajo fenomenal. Yo sabía: si estos dos adolescentes tuvieran un poco de respaldo o intervención, ellos podrían lograr lo que ellos quisieran.

Más tarde en lo noche, manejamos a mi casa en el campo. Mi casa era de cuatro recámaras y pensé que podía ofrecerles un lugar donde descansar por una noche. En aquel entonces, mis dos hijas estaban estudiando en la universidad, así que tenía tres recámaras vacías.

La mayoría de las personas no pensarían llevar a su casa a niños que no conocen. No es común. Sin embargo, yo crecí en una comunidad negra en una época en que familiares y personas no-familiares acogían a un niño u otra persona que necesitaba alivio por unos días, unas semanas o unos meses, o hasta años. Conocidos como madres comunitarias y familias extendidas, estas personas cuidaban y ayudaban a criar los niños de otra gente.

Vivían fielmente a la letra del verso bíblico Filipenses 2:4, "no mirando cada uno a lo que es suyo, mas a lo que es de los otros". Cualquiera en la comunidad podía hablarle a un niño y regañarlo, y es más, después eran agradecidos por los padres cuando se les comunicaba que su hijo se había comportado inapropiadamente. Muchas relaciones no-familiares eran denominadas con respeto "Tías" y "Tíos". El mismo tipo de amor y cariño que era parte de nuestra comunidad unida fue el catalizador para empezar La Casa de Tía Hattie, donde a todos los miembros del personal y junta directiva, voluntarios y patrocinadores se les dice "Tía" o "Tío".

Esa noche les mostré a los dos muchachos dónde dormirían. Estaban tan contentos de estar ahí, lo mostraban sus sonrisas. Sus sonrisas me calaron. Instantáneamente tuvimos una conexión. Yo confiaba en ellos y, lo más importante, ellos confiaban en mí.

Les lavé su ropa y les preparé una cena casera. Antes de dormir, nos sentamos alrededor de la mesa y platicamos. Les dije que ellos podían ser lo que ellos quisieran, que eran muchachos inteligentes y que no dejaran que nadie les dijera lo contrario, a pesar de sus circunstancias del momento. Además, les mostré todos los libros, los clásicos mundiales de Grolier, los libros médicos, y los libros de geografía y ciencias sociales que mis hijas tuvieron que leer en la secundaria y preparatoria. Ellos estaban impresionados por la cantidad de libros. Uno de ellos dijo:

—¿De veras leyeron todos esos libros?

—De veras que sí —respondí y afirmé con la cabeza.

Me senté al filo de la cama y repetí lo que les había dicho anteriormente: el poder de ellos ser lo que ellos quisieran, siempre y cuando ellos lo creyeran primero y estuvieran dispuestos a trabajar duro y a obtener una buena educación. Al hacer esto, recordé a mi maestra de primaria, la Sra. Brown, una mujer negra amable que me llevó a su casa a pasar la noche. Recuerdo no tener más de 10 años. Esa experiencia cambió mi vida para siempre. Ella fue mi maestra favorita y probablemente la mayor influencia en mi deseo de convertirme en maestra.

En la casa cálida y cómoda de mi maestra, dormí en una cama sola por primera vez, no entre otros tres hermanos como estaba acostumbrada hacerlo en casa. Su cama tenía dos sábanas y una colcha, algo nuevo para mí ya que yo estaba acostumbrada a solo una sábana que había cocido Mama de bolsas de alimento. En casa también tenía unas colchas hechas a mano por mis tías Mildred y Mary, familiares del difunto esposo de Mama.

La cama en el cuarto de huéspedes de la Sra. Brown literalmente me hacía sentir en el cielo y era tan suave y cómoda que hasta sentía que la colcha me abrazaba, que flotaba en las nubes. Nunca lo olvidaré. Este sentimiento feliz de flotar-en-las-nubes es lo que sentí anteriormente. Es tan increíble como recuerdos de incidentes y personas y experiencias pueden ser invocados por visiones, olores y sonidos en el presente. Por eso es vital concentrarse en cómo uno hace "sentir" a los niños cuando están creciendo.

Ellos necesitan sentirse queridos, estar conectados a personas y tener autoestima, sin importar lo rico o lo pobre que sean. Si se sienten queridos y especiales, eso es lo que recordarán años después: el sentimiento, no detalles de la comida que comieron o lo que llevaban puesto u otras cosas insignificantes. Muchas veces recordarán la música placentera, ciertas canciones y olores (tal como recuerdo el perfume de la Sra. Brown y me causa alegría) que por siempre serán parte de su bienestar, o inversamente, serán parte de su estado depresivo o disfuncional.

Después de la cena, ella se sentó al lado de la cama unos diez minutos. Esos diez minutos están permanente grabados en mi memoria y espíritu. Ella gentilmente tomó mi mano mientras veía lo que había en ella.

A los 10 años, mi boca se abrió de sorpresa ante sus palabras. No tenía idea de quién era yo o de qué estaba hecha. Estaba impresionada, pensando, *¡Guau! ¿Ella vio esos atributos en mí?* En una voz suave y amorosa, ella me dijo que algún día yo sería una gran maestra, que era inteligente y que yo podía ser yo lo que yo quisiera. La Sra. Brown me brindó una motivación positiva que me preparó para una educación superior. Obtuve una tremenda confianza en mi relación con ella, quien considero una de mis "Madres Mentoras" que me han ayudado a lograr mis éxitos.

Por el poder y la gracia de Dios, pude superar muchos obstáculos y aprender de ellos para alcanzar grandes logros y "primeras veces" a lo largo de mi vida. Fui la primera en mi familia inmediata en graduarme de la preparatoria y la universidad. Fui la primera presidenta afro-americana de Parent Teacher Asssociation (PTA), la asociación de padres y maestros, de la escuela primaria donde asistió mi hija mayor. Fui el primer padre de servir como presidente de PTA por varios años durante el tiempo que mis hijas cursaron la secundaria y la preparatoria.

~

Además, tuve el honor y el privilegio de ser la primera vicepresidente mujer (VP) de Coppin State University durante ochos años, y ayudé a recaudar más de $8 millones USD para la universidad cuando la meta sólo era $3 millones USD.

Antes de ser VP de Coppin State University, fui la asistente superintendente de las escuelas de la Ciudad de Baltimore en Baltimore, Maryland, donde originó la visión para La Casa de Tía Hattie. Además de estos logros profesionales, también he sido administradora local del estado, profesora de universidad, anfitriona de programa de televisión, activista civil, maestra de educación especial, y maestra en los Estados Unidos y en el extranjero.

~

Al día siguiente llamé a Servicios Sociales otra vez y les dije que me llamaran si encontraban un hogar para los muchachos. Cada día, yo, o mi secretaría, llamaba a Servicios Sociales para ver si había un hogar para los muchachos y para dejarles saber que aún se estaban quedando conmigo. Los llevaba conmigo todos los días a mi oficina del área. Después de varios días y aún sin hogar, llamé al director de la escuela secundaria al lado de mi oficina y le pedí que seleccionara uno de sus mejores maestros para enseñarle a los muchachos temporalmente hasta que pudiera encontrarles un hogar.

El director felizmente colaboró ya que él también pensaba como yo acerca del potencial cerebral malgastado de jóvenes que se sienten perdidos y sin esperanza, y que no preocupan a nadie si están en la escuela o no.

También me reuní con el departamento de policía y negocios del área y les pedí que me notificaran si veían a jóvenes caminando las calles durante el día. Me iba a poner dura con la asistencia. Ningún niño debe de estar parado en una esquina de la calle cuando su futuro depende de que esté en la escuela aprendiendo.

Durante el hospedaje de los muchachos, eventualmente recibí una llamada de Servicios Sociales, semanas después, para preguntar si todavía los tenía en mi casa y decirme que yo simplemente no podía hospedar a niños del sistema de crianza temporal, *foster care*, en mi casa y quedarme con ellos. Me informaron que yo necesitaba ser entrenada para ser *foster parent*, un padre de crianza temporal, y que mi casa tenía que ser inspeccionada y certificada como foster home, una casa de crianza temporal. Me quedé anonadada. Pensé, *la Sra. Brown me llevó a pasar una noche en su casa y cambió mi vida por siempre. ¿Por qué no puedo corresponder con un acto bondadoso con estos muchachos, así como lo hicieron la Sra. Brown y otros para mí? ¿Por qué necesitaba una certificación para hospedar a jóvenes sin hogar?*

—Déjeme ver si entiendo lo que me dice... —le dije yo desconcertada. No tenía idea en aquel entonces de los pasos y requisitos para ser un padre de crianza temporal. Yo sólo quería darles un hogar por unas noches. No quería ni tenía planeado convertirme en un padre de crianza temporal–. ¿Usted me está diciendo que este mismo hogar en el que he criado a dos hijas, que ahora están en la universidad, ahora debe ser inspeccionado y certificado para hospedar a niños en el sistema de crianza temporal que recogí de la calle, niños que nadie está buscando?

Además, le informé que tenía un doctorado y que había enseñado por muchos años y que me sentía insultada por el hecho de tener que ser inspeccionada para poder hospedar a estos jóvenes desamparados. No podía ver la lógica de los requisitos del proceso cuando la necesidad era inminente.

Obviamente tomé el curso requerido de entrenamiento de 12 horas e inclusive asistí al instructor con la enseñanza, ya que era mi área experta. El siguiente pasó fue certificar mi hogar. Inspectores vinieron a inspeccionar la temperatura del refrigerador y el agua de la llave y a medir los cuartos, cerciorándose que la casa fuera adecuada para los niños acogidos. En corto tiempo mi refugio personal fue certificado y licenciado como una casa de crianza temporal terapéutica. En unas de mis reuniones de la junta directiva, uno de mis colegas me preguntó si los muchachos aún se estaban quedando conmigo. Le dije que sí. Si pensaba yo que se quedaran conmigo por un periodo extendido, el colega recomendó que sería buena idea abrir una casa de crianza temporal grupal para jóvenes en el sistema de cuidado de crianza porque así podría obtener más recursos y personal para asistir con sus necesidades.

Fue necesario contratar una ama de casa para cocinar, limpiar y cuidar de los muchachos dado mi horario agotador. No anticipé que se quedaran conmigo tanto tiempo; quería que tuvieran lo más que pudieran días normales después de la escuela en vez de llevármelos a reuniones con la junta o con padres y maestros en mis escuelas, o a otros eventos, de manera que el ama de casa sirvió esta función. Sin embargo, una noche al regresar tarde a casa tras un largo día de trabajo, los muchachos me estaban esperando, sentados en los escalones del cuarto de familia.

—Hola muchachos —los saludé y les pregunté —¿por qué están despiertos todavía?

—¿Podemos hablar con usted? —uno de ellos preguntó.

—Claro que sí —contesté, aunque estaba cansada pero la mirada en sus caras me preocupó.

Uno de ellos queda y emocionalmente me preguntó con toda sinceridad:

—¿Sabe por qué mi mamá me puso en crianza temporal y se quedó con mi hermana? ¿Cree que la quiera más que a mí?

Antes de poder pensar en qué responder, el otro muchacho me preguntó:

—¿Cree que cuando mi papi salga de la cárcel, vendrá a buscarme? ¿Me querrá de regreso?

Preguntó con aires de una triste soledad que sentí escalofríos y se me llenaron mis ojos de lágrimas. No tenía respuestas para ellos. Me sentía cansada hasta los huesos y sabía que estos muchachos necesitaban más que comida y un lugar donde quedarse. Necesitaban consejería y terapia psicológica. Lo único que pude pensar en hacer ese momento fue decirles:

—¿Me pueden dar un abrazo? Necesito un abrazo.

Rápido aceptaron. Sentí que eso era lo que necesitaban y que no sabían cómo expresar la soledad y el anhelo por amor y querer sentir ser parte de algún lugar o de alguien.

Definitivamente podía identificarme con sus sentimientos de abandono y de ser desplazados de repente sin saber por qué. Yo me sentí así cuando fui desraizada en 1959 cuando las escuelas cerraron por cinco años en el Condado Prince Edward a causa de la segregación racial. Estas cuestiones emocionales y psicológicas abrumantes con las que ellos luchaban estaban más allá de mi entrenamiento y conocimiento, sin mencionar el tiempo necesario para tratar sus experiencias pasadas de abandono y maltrato. Yo sabía que si pretendía quedarme con estos muchachos y criarlos a ser ciudadanos exitosos y productivos —yo sabía que tenían el potencial para hacerlo— iba a necesitar más ayuda, recursos y personal. Con ese fin, tomé el consejo del miembro de la junta directiva y emprendí el camino de abrir una casa de crianza temporal grupal para proveer servicios extendidos para estos hombres jóvenes que se lo merecían.

~

Reflexionando, mi modo de pensar era que viviría hasta los 27 años, la edad en que murió mi madre biológica. Este instinto me propulsó una y otra vez a tomar acciones atrevidas a temprana edad y me impulsó a tener la visión de hacer algo en la vida. Mi instinto me ayudó a escoger mentoras madres, como la Sra. Brown, y a otros que demostraban rasgos que me imaginaba mi propia madre tener, ya que no la conocí porque murió cuando yo solo tenía tres años. Algunas veces estas personas que he escogido sabían que eran mis madres mentoras y padres mentores, y muchas veces, no sabían que los había escogido como un modelo a seguir. Trataba de emular todo lo positivo, su carácter, comportamiento, manera de hablar, aspiraciones y actitud, que imaginaba que mi mamá tenía y que yo quería tener en mi misma.

Invito a todo mundo, especialmente a jóvenes desfavorecidos, que encuentren a alguien a quien admiran que tiene una actitud positiva y una visión de vida que inspira, alguien realizado, y ser cómo ellos. He encontrado que la mayoría de las veces personas exitosas lo consideran un honor, una gran alabanza, cuando alguien quiere ser como ellos. Más personas deberían de buscar mentores a lo largo de sus vidas, y pronto descubrirán que hay más ayuda disponible de lo que se imaginan.

Si no puedes volar, entonces corre,
Si no puedes correr, entonces camina,
Si no puedes caminar, entonces gatea
Pero hagas lo que hagas, siempre continúa moviéndote hacia delante.
– DR. MARTIN LUTHER KING, JR.

CAPÍTULO 2

Dónde todo comenzó

Y ya sabemos que a los que a Dios aman, todas las cosas les ayudan a bien, a los que conforme al Propósito son llamados (a ser santos).
— **ROMANOS 8:28 (RVR)**

La historia de mi vida comenzó en unas horas de madrugada en 1946 en Norfolk, Virginia. Soy la hija de Samuel Neal, Jr., un hombre de la fuerza naval, y Janie Lucille Goganious Neal, una ama de casa. Mi hermano y mis hermanas nacieron entre 1945 y 1948. Mi madre murió cuando yo era demasiada pequeña para recordarla. Hasta el día de hoy, la muerte de mi madre es un misterio. Su hermana, Hattie, por quien me nombraron, cree que se murió por complicaciones de parto y problemas cardiacos. La Tía Hattie es la matriarca de la familia. Yo tomo lo que ella dice como verdad. Aunque no tengo recuerdo de la cara de mi madre, según lo que dicen familiares, me parezco a ella.

Mi tía Hattie me contó que mi padre se impresionó con mi madre desde el momento en que la vio. Me cuentan otros familiares que mi madre era una mujer muy hermosa y gentil con una cara impresionante. Con su cintura esbelta, caderas y busto proporcionales, y piernas largas, ella tenía una presencia marcada cuando entraba a cualquier lugar. Su presencia causaba tanto a hombres como a mujeres a mirarla y preguntar, "¿Quiéeen es ella?"

Me han contado que tenía un aura y cierto misterio propio, acentuado por su caminar particular que era ligero, sensual y centrado –poesía en movimiento, como algunos han expresado. Su caminar revelaba: *Tengo confianza en mí y me siento cómoda en mi piel; estoy en este momento, aquí, ahora mismo; soy dueña de este espacio.*

~

Tratando de entender su persona según como la han descrito otros familiares, he concluido que ella no era anti-social pero tampoco era considerada social, más bien de una personalidad solitaria. Esta característica presenta a mi madre como una persona cómoda con sí misma y con otros. Mi tía Hattie agrega francamente:

—Eso sí, siempre y cuando estaba con personas a quienes ella había dejado entrar a su círculo íntimo de conversación y amistad.

Mi madre no sentía la necesidad de ser el centro de atención. Tampoco hablaba de más o era agresiva, según me han contado. Era más bien reservada, pero no tímida; tenía confianza en sí misma pero no era presumida; tenía conocimiento de muchos temas, pero no era gregaria u ostentosa, y podía sostener una conversación con cualquier persona a cualquier nivel que se le presentara.

Mi tía Hattie me dijo que a mi madre la confundían con ser egocéntrica; sin embargo, era lo más lejos de ello. Más bien, tenía un corazón muy cálido y bondadoso y sentía empatía por los menos afortunados y caídos. Mi tía Hattie también me contó que una vez mi madre cocinó toda una cena para alguien considerado un vagabundo que iba de casa en casa en busca de comida y ropa. Ella puso la mesa y lo trató como si fuese el rey de Inglaterra. Mi tía le preguntó a mi madre:

—¿Por qué haces eso por un pordiosero?

—Porque él puede ser un ángel de Dios. Uno nunca sabe a quién invita a comer… —contestó mi madre.

Constantemente siento que mi madre está conmigo; es mi ángel guardián y me protege de todo mal.

~

Mi padre, Samuel Neal, Jr., mi héroe, era parte india y mezclado con otras etnias además de negra, como tal vez griega o alemán, según me han dicho. Mi padre tenía un acento muy marcado. No era el típico acento sureño. Su acento hacia que sobresaliera de los demás. Él fue un hombre de hombros anchos y gran ambición cuya valentía ante lo imposible me inspiró a hacer bien en mi vida. A pesar que solo cursó hasta el quinto año de primaria y él se enseñó lo que yo consideró un currículo universitario, él no permitió que su falta de educación le impidiera hacer dinero. El hombre, dueño de un negocio de madera en un pequeño pueblo donde la mayoría de los dueños de negocios eran blancos, se apasionaba por proveer bien para su familia. También se apasionaba por que sus hijos recibieran una educación adecuada. Criado en una granja, su padre le heredó sus conocimientos a él. En aquel entonces, mi padre tenía campos de maíz, ejote, tomate, pepino, calabaza y sandía. A mi familia nunca le faltó una sola comida. Un hombre de buenos modales y miembro del consejo de la iglesia, mi padre amaba a quien se le acercara y se llevaba bien con todos en nuestra pequeña comunidad sureña. Y era igual en nuestro hogar.

En el patio él se turnaba en cargarnos a mis hermanas y a mí sobre sus hombros anchos. Nos peleábamos por ver quién llegaba a subir la espalda de Papi primero. En las tardes nos reuníamos en la sala después de cenar. Mi padre se sentaba en un banco de madera y nos apresurábamos a sentarnos a sus pies. Se enrollaba sus mangas y nos contaba historias de animales o de su día. Lo veía enrollarse sus mangas al empezar a contar historias, dejándonos saber que estaba por animarse y dramatizar partes de la historia, en momentos hasta elevándose de su banco y aleteando sus brazos para ilustrar su punto. Llenos de emoción y visualizaciones imaginativas de sus descripciones, mis hermanos y yo escuchábamos atentamente a estas historias que él inventaba para entretenernos. Por ejemplo, nos contaba que una vez mientras cortaba leña en el bosque, se le acercó un oso y le dijo, "Tú no puedes cortar ese árbol. Ese es mi árbol favorito". Después, la "mamá oso" bajó del árbol y lo invitó a cenar. Él le dijo no, gracias, pero lo esperaban para cenar en su casa. Él nos tenía a todos creyendo que estos animales hablaban de verdad.

Me encantaba cuando mi padre nos contaba historias. De niña, siempre era mi cosa favorita de hacer con mi padre ya que trabajaba largas horas en el negocio de madera y tienda pequeña de la que era dueño que se encontraba en el pueblo, no tan lejos de dónde vivíamos. Él era un maestro para contar historias. No solo se inventaba sus propias historias, sino que también nos leía historias de Uncle Remus y Brer Rabbit de un gran libro de historias que el sostenía en las palmas de sus manos llenas de callos. Mi historia favorita era la de Tar-Baby, en la que Brer Fox construye un muñeco de chapopote y le pone ropa. Poco después, Brer Rabbit encuentra el muñeco y dado que éste no le contesta al hablarle, Brer Rabbit se frustra y trata de darle un golpe, pero se queda pegado en el chapopote. Entonces viene Brer Fox contemplando qué hacer con Brer Rabbit.

Mi padre debió haber sido comediante porque cada vez que contaba esa historia, así como otras, él también se moría de risa. Su risa era contagiosa. Él nos hacia reír a todos y todos le pedíamos que terminara la historia. Lágrimas de risa rodaban por nuestras mejillas y las de él. La primera vez que lo oí contar la historia de Tar-Baby, temía por Brer Rabbit, pero después mi padre me informó que los conejos estaban en casa en lo matorrales y que, la verdad, Bret Rabbit quería que Bret Fox lo pusiera ahí. "Qué inteligente ese Brer Rabbit", pensé yo. Recuerdo que mi padre me hacía reír tanto con su actuación de Brer Rabbit cuando decía, "Por favor, Brer Fox, no me eche en ese terreno".

Hasta hoy día, las historias de mi padre aún me dan placer. A pesar de que ya falleció mi padre, sus historias están grabadas en mi corazón y en memoria para siempre. Compartí estas historias con mis hijas cuando pequeñas, y ahora con mis nietas e hijos acogidos y cualquier persona que quiera escuchar una buena historia. Es una pena que el arte de contar historias está perdido hoy día y que no engancha como antes dadas las tantas distracciones y preocupaciones e interferencias electrónicas.

~

Cuando mi padre estaba a fines de sus años veinte, después de que murió mi madre y yo tenía solo tres años, él conoció y se casó con una mujer joven, Hilda "Teenie" Lee. Ella fue una mujer bonita que nos quiso mucho a mis hermanos y a mí. De todos mis hermanos y de sus propios hijos, yo sentía que yo era su favorita. "Mama", como la llamaba, nunca dijo que yo era su favorita, pero siempre lo percibí a través de su sonrisa cálida y las cosas lindas que hacía por mí. Tenía una manera muy tierna de pararse a mi lado y poner su mano sobre mi hombro. Si le estaba poniendo mantequilla al pan o alistando la mesa, ella me tocaba el hombro y su toque delicado hacía sentirme tan querida y acogida. Además, ella daba grandes abrazos.

Recuerdo llegar a casa de la escuela o la iglesia cuando todos mis hermanos y yo corríamos hacia ella y ella nos tomaba a todos entre sus brazos y calor. Me hace reír cada vez que pienso en cómo nos daba abrazos. En aquel entonces estaba dando "abrazos en grupo" mucho antes de que la sociedad se diera cuanta del poder y la terapia de los abrazos. He leído en el internet que hay gente que se gana la vida abrazando y acurrucándose con otros de manera no-sexual. Se conocen como *professional cuddlers*, acurrucadores profesionales y ganan entre $60 y $300 la noche por abrazar o acurrucarse con un cliente. Encuentro eso interesante dado que en muchas escuelas públicas hay políticas de "no se permiten abrazos". Siento que escuelas no deberían de implementar esta política. Todos necesitamos el contacto humano. Estudiantes, especialmente estudiantes con problemas de comportamiento, necesitan un gran abrazo de sus maestras. Algunos beneficios de salud del contacto humano son la disminución del estrés y la presión arterial y la creación de relaciones saludables. Además, niños saben la diferencia entre el afecto saludable y el comportamiento sexual no deseado –en la mayoría de los casos.

~

La historia de Mama es similar a la de mi padre. Nació en un área rural de Virginia y no cursó más que la escuela primaria. Ella fue una mujer muy inteligente y cariñosa. Mis recuerdos más bonitos son de regresar a casa y como Mama tenía la casa oliendo tan rica. Siempre estaba cocinando algo que captivaba tu olfato y paladar. Ella decía: "Cámbiate tu ropa de escuela y baja que la comida ya casi está lista".

Mama era una gran cocinera. Recuerdo que cocinaba sus propias recetas especiales de platillos sureños clásicos como el caldo de pollo y dumplings, bolitas de masa rellena (de pollo), frituras de maíz, frituras de pan de manzana y pan de ajengibre. Su pan de ajengibre casero era riquísimo. Ella lo hacía desde cero con las cantidades perfectas de harina, huevos, azúcar, ajengibre, melaza y otras especies como nuez moscada y canela. Su pan de ajengibre era un cruce entre un brownie (pan de chocolate), una galleta de ajengibre y un pedazo de pastel de chocolate. Los recuerdos y el tiempo compartido con Mama en la cocina mientras ella cocinaba ayudaron a darle forma a mi vida. Por ella fue que me convertí en una gran cocinera de sus recetas especiales y supe también que quería ser una madre amorosa y una ama de casa, así como ella.

Una mujer negra naturalmente bella, de pómulos altos y cabello negro-carbón que se enroscaba un poco en las puntas, Mama usaba un moño en la cabeza. Muchas veces, ella decía, "M'ija, ve y tráeme el peine para rascar mi cabeza".

Yo paraba lo que estaba haciendo porque me encantaba estar cerca de ella. Sonreía e iba por el peine. Me sentía tan especial en aquel entonces. Mi cuerpo de ocho años jalaba una silla a su lado. Yo me sentaba en ella y Mama sobre el piso de madera, y yo le rascaba la cabeza. Sentía que rascarle la cabeza la aliviaba un poco de la tensión que sentía por cuidar a su esposo y su casa llena de niños. O tal vez rascarle la cabeza la aliviaba un poco de otro día largo de cocinar y limpiar de mañana a noche. Recuerdo a Mama sonriendo con sus ojos cerrados, cabeza reclinada hacia un lado, y dormitando como una bebé.

Me encantaba el Día de las Madres. Mis hermanos y yo le hacíamos a Mama tarjetas y figuras de barro en la escuela. De los árboles a borde de carretera escogíamos manzanas, duraznos y cerezas para dárselos a Mama y a las primas de Papá, Tía Mamie y Tía Pauline. (Por respeto, nos enseñaron a llamarles a las adultas "tía" aunque fuesen solo primas o amigas cercanas de la familia). Ambas tías vivían a unos kilómetros. Teníamos que cruzar por los campos para llegar a sus casas. Tía Mamie y Tía Pauline cocinaban pasteles de las manzanas, los duraznos y las cerezas que llevábamos. Los pasteles olían tan ricos. Mama estaba tan orgullosa de nosotros. Después de admirar sus regalos, nos sonreía y nos daba un beso por los maravillosos regalos.

Momentos que he pasado con mis hijas y mis nietas en los Días de las Madres me recuerdan a aquellos con Mama. Mi hija, Cheryl, y mi hijo acogido mayor, Wayne, suelen llevarme a almorzar para este día, y cualquier día sin motivo especial también. Nos sentamos a hablar y a platicar y a reírnos por horas. Mi hija mayor, Charrell, que vive en otro estado, y su familia nunca faltan de mandarme flores y bellas cartas por correo. Las disfruto tremendamente.

~

Ya no soy aquella niña de ocho años. Soy una mujer adulta y me encuentro haciendo muchas cosas que hacia mi Mama. Los padres no se dan cuenta de cómo directa o indirectamente los niños adoptan sus comportamientos y hábitos –buenos, malos o indiferentes. Por ejemplo, Mama le ponía granos de arroz a su salero. Yo no sabía el por qué entonces. Aprendí tiempo después en la clase de química en la preparatoria que el arroz es un material higroscópico, lo cual significa que absorbe agua, humedad y olor. De manera que pienso que estas personas de granjas de tiempos anteaños sabían algunas cosas. Yo le pongo arroz a mis saleros hasta el día de hoy. Mama también ponía una caja abierta de bicarbonato en el refrigerador. Yo también lo hago, y descubrí tiempo después que el bicarbonato elimina y absorbe olores y mantiene la comida fresca. También, Mama le agrega una pizca de sal a su café y suficiente crema y azúcar.

Así es como me gusta el café hoy día. También le agregaba una pizca de sal a su melón, tomates, sandía y pepinos. Yo hago lo mismo también hoy día, excepto que además uso sal de mar en vez de sal con yodo, leche de almendras en vez de leche de vaca, y *Truvia* en vez de azúcar blanca. Mama y Papá estarán muy disgustados en el más allá tras escuchar sobre estos "sustitutos de azúcar y leche", ya que ellos eran verdaderos expertos en azúcar y leche de verdad.

CAPÍTULO 3

Resistencia masiva en un pueblo pequeño:
El cierre de escuelas

El esfuerzo y la valentía no son suficientes sin propósito y dirección.
–JFK

Aprendí en mis años de infancia que nadie es inmune a los dolores del corazón. Hubo etapas en mi vida en las que tuve que rehacer y reformar mi vida, una vida marcada periódicamente por dolor y quebranto. Tuve que aceptar muchas cosas que no podía cambiar, una de ellas siendo la segregación. Crecí en una época en la que ser negra era como tener la plaga negra. Durante mi niñez, y a lo largo de mi adolescencia, no lograba entender el miedo de no querer que otro ser humano fuera a la escuela, se sentara en un comedor, tomara el autobús, o bebiera agua de la misma fuente y usara el mismo baño que una persona blanca. ¿Por qué? Verdaderamente, ¿cuál era el miedo? No podía entender el significado del racismo y su premisa.

Recuerdo como en la primaria Levi Elementary School mi clase recitaba religiosamente cada mañana la promesa de lealtad, *The Pledge of Allegiance*, "...*one Nation, under God, with liberty and justice for all*...una nación, bajo Dios, con libertad y justicia para todos". Yo creía en estas palabras y en las ideas desde entonces. Como estudiante, aprendí sobre la historia estadounidense, la cual cubría la guerra civil, la proclamación de emancipación, *Emancipation Proclamation,* que liberó a los esclavos, y el dogma cristiano. Eran estas mismas ideas que hizo a América el país que otras naciones querían emular y al cual diversas personas querían venir, inclusive ilegalmente, y convertirse en ciudadanos estadounidenses.

El verano de 1959, cuando tenía yo 13 años, fue un verano que me cambió para siempre, a mí y a mi visión del mundo. Fue una noche cuando todos estaban ya situados en casa. Yo sabía que algo terrible sucedía al ver la cara de mi padre. Mi padre, el hombre sólido que había servido a su país en la Segunda Guerra Mundial, viajando por aguas de mar turbulentas a bordo de un barco marino, tenía una mirada nerviosa, casi petrificada, en su rostro aquella noche. Nos dijo que las escuelas iban a cerrar indefinidamente y que nos iba a mandar a Norfolk, Virginia para que pudiéramos continuar nuestros estudios. Lo recuerdo como si fuera ayer. Mi cuerpo inmediatamente se puso blando. No podía llorar a causa de la impresión. Después se aceleró mi mente. *Norfolk*, pensé, *¿a dónde está Norfolk y quién estaba en Norfolk?* No tenía que preguntar en voz alta. Aparentemente mi padre vio mis preguntas en mi rostro y en los de mis hermanos. En una voz muy baja, casi imperceptible, nos dijo a mi hermano, Samuel, a mi hermana, Terrie, y a mí:

—Se van a quedar con las hermanas de su verdadera mamá.

Escuchar la noticia de que sería separada de la mayor parte de mi familia era confuso y desconcertante. Escuchar las palabras, "Se van a quedar con las hermanas de su verdadera mamá", fue sentir martillazos en el estómago. Miré a Mama, su mirada estaba baja. Después, miré a mi padre y le dije:

—¿Nos vamos a quedar con las hermanas de Mama?

—No —contestó mi papá.

—¿No es Mama mi mamá? —pregunté.

—No, tu mamá verdadera murió cuando tenías tres años —dijo y después apuntó a la mujer a quien llamaba "Mama" y agregó—, ella es tu madrastra.

Quería llorar, pero de nuevo, no podía a causa de la impresión. Toqué a mi hermana y le pregunté:

—¿Tú sabías?

Terrie lo negó con su cabeza y se veía igual de sorprendida que yo. Miré a mis otros hermanos y hermanas quienes yo pensaba eran mis hermanos de sangre, pero que resultó que no. Escuché a mi padre en el fondo explicar cómo había conocido a mi madrastra y que ella ya tenía seis hijos antes de casarse con él. Tenía tres hijos de apellido Bailey: Claudzell, la mayor; Audrey "Tootie Boo", la siguiente; y Jerome "Bonky", el menor. Después tuvo tres hijos de apellido Lee: Larry, el mayor; Cledith "Clet" el del medio; y Sterling, el menor. Todos eran mis hermanastros. Recuerdo cuando Cledith se fue de Meherrin. Se fue a Baltimore, Maryland y tomó un trabajo de conserje en un lugar de hamburguesas. Después fue cajero y manager, y finalmente dueño de un restaurante de Kentucky Fried Chicken. Eventualmente se hizo dueño de 13 restaurantes de Kentucky Fried Chicken, al igual que de un Pep Boys y unas cuantas franquicias de Taco Bell. Muchos de mis hermanastros trabajaron para él antes de su muerte.

Toda esa noche, repasé todo lo que mi padre nos había dicho, y entonces rodaron las lágrimas. Me acosté en la cama y lloré hasta no tener más lágrimas que llorar. Mis ojos estaban colorados como el sol, mi cuerpo débil, y mi corazón roto. Pensándolo bien, la única razón que nos enviaron a mis hermanos y a mí de la íntima comunidad de nuestro pueblo —donde todo mundo se conocía y llamábamos a todos tía o tío o primos— era para poder terminar nuestra educación y cumplir nuestras metas de carrera, y no quedarnos sentados y sin hacer nada durante los cinco años que se cerraron las escuelas en Prince Edward County. A pesar que mi padre solo cursó hasta el quinto año de primaria, él valoraba la educación tremendamente e hizo todo lo que pudo por apoyar a National Association for the Advancement of Colored People (NAACP), la Asociación Nacional para el Avance de Personas de Color, durante este proceso de abolir la segregación, *desegregation*. Él quería que sus hijos continuaran con su educación sin interrupción –a todo costo.

Lo que más me confundió y me consternó sobre el cierre de las escuelas fue la hipocresía de los líderes elegidos y apuntados, uniéndose para pasar legislación que efectivamente cerraría todo el sistema escolar en vez de obedecer al Departamento de Justicia e integrar a los estudiantes blancos con estudiantes negros como nosotros.

En aquel entonces, yo no sabía que el color de nuestra piel tiene importancia. No fue hasta que enfrenté una experiencia traumática después de ser alejada de mi ambiente amoroso y acogedor por el bien de mi educación. Por otro lado, estaba mi padre, ahora retirado del servicio tras arriesgar orgullosamente su vida por su patria y defenderla contra el "enemigo de guerra", solo para regresar a casa y encontrar al "enemigo" aquí en estos supuestos Estados "Unidos" que no permitía a sus hijos ir a la escuela con las mismas personas por quien arriesgó su vida y luchó para proteger sus derechos.

Para ofrecer una perspectiva de lo que estaba ocurriendo durante mi infancia, he aquí un poco de historia de los Estados Unidos: el 17 de mayo de 1954, cuando yo tenía solo ocho años de edad, la Corte Suprema de los Estados Unidos, en una decisión unánime, declaró inconstitucionales las leyes estatales que establecían escuelas separadas para estudiantes negros y estudiantes blancos. La decisión significaba que yo iría a un salón de clase no tan solo con estudiantes negros, como yo, pero también con estudiantes blancos. Abolir la segregación en las escuelas públicas empezó con personas valientes como Barbara Johns, sobrina del pionero por los derechos civiles el Reverendo Vernon Johns, quien era pastor de la Iglesia Baptista de la Avenida Dexter en Montgomery en aquel entonces. Él abogó por los derechos civiles. Barbara Johns, una joven determinada de estatura mediana, tenía sólo 16 años cuando organizó y lideró una huelga de dos semanas. Muchos estudiantes decidieron no asistir a clases.

Como mencioné en mi introducción, la razón de la huelga de dos semanas fue que R. R. Moton High School, una preparatoria construida en 1939 en Prince Edward County, Virginia para estudiantes afro-americanos, ya estaba superpoblada en los años 50. Las condiciones de las escuelas negras eran mucho peor que las escuelas blancas. El condado trató de apaciguar a los estudiantes negros con construir edificios largos que parecían gallineros para el gran número de estudiantes. Barbara Johns y otros estudiantes llegaron a su límite. Ellos escribieron a NAACP pidiendo ayuda en su lucha por mejores condiciones. NAACP aceptó tomar el caso de Prince Edward si los estudiantes y sus padres demandaban por abolir la segregación en las escuelas. A los estudiantes y a los padres no les importó demandar por abolir la segregación en las escuelas si esto era necesario para lograr mejores escuelas y mejores condiciones.

En poco tiempo, abogados de NAACP, incluyendo Oliver W. Hill, un abogado de derechos civiles cuyo trabajo en contra de la discriminación racial ayudó a poner fin a la doctrina *"separate, but equal,* separados, pero iguales", comenzaron a llegar a Prince Edward County, Virginia. El caso, *Davis v. County School Board of Prince Edward County,* resultaría en algunos de los atributos más importantes de la historia de los derechos civiles. El caso llegó hasta la Corte Suprema, junto con otros cuatro casos de Delaware, Carolina del Sur y Washington, D.C., y el famoso caso de Kansas, *Brown v. Board of Education,* que desafió la segregación en las escuelas. Todos los casos juntos se conocieron como *Brown v. Board of Education*. La Corte Suprema decidió que la segregación en las escuelas públicas no es constitucional. Fue una victoria transcendental, pero el Estado de Virginia se empeñó en hacer más difícil el proceso de abolir la segregación de las escuelas de lo que tenía que ser al imponer una política de "resistencia masiva" que retrasaría la abolición de la segregación de las escuelas hasta los años 60. Cuando la Junta de Supervisores de Prince Edward County votaron por no financiar las escuelas, las escuelas cerraron de inmediato. Maestros perdieron sus trabajos y familias, como la mía, fueron separadas a causa de la educación.

Hubo familias en las que los niños simplemente ya no fueron a la escuela, ya sea por que sus padres no tenían los medios para mandarlos, o con quién. Aunque a mis hermanos y a mí se nos consideraba afortunados ya que teníamos dónde ir para recibir una educación, nuestra familia de foto de tarjeta de postal fue separada. No vería más a mi padre o a la mujer que conocía como mi mamá, el amor de mi vida. También, me separaron de mi maestra favorita, la Sra. Brown, y de mis hermanastras y hermanastros. Todos nos conocíamos. Me sentía segura. No conocía a las personas con las que mi padre me estaba mandando a vivir. No importaba que fueran familia, ellos eran extraños para mí.

Mi hermanastra, Audrey Bailey, estaba en doceavo año en R. R. Moton High School cuando cerraron las escuelas. Su clase fue la última en graduarse de la preparatoria antes que la cerraron con candado. Años después, ya de adultas, hablamos sobre ello, y me compartió lo que ella pensaba acerca de estos cierres que impactaron nuestras vidas. Me contó que a su clase la convocaron a una asamblea y les informaron que ellos serían la última clase en graduarse ya que las escuelas se cerraban. Dice que nadie supo cómo reaccionar, pero que aún así ella estaba agradecida porque ella se podía graduar, pero se sentía mal por los que no se graduaron.

Poco tiempo después de que cerraron las escuelas, mi hermana, mi hermano y yo nos fuimos de Meherrin en Prince Edward County, Virginia, un lugar que yo defino como la epifanía del proverbio africano, *"It takes a village to raise a child*, Se requiere un pueblo para criar a una criatura". Dejé atrás mi mundo entero —maestros, amigos, ambiente conocido— para ir hacia sabrá-Dios-dónde, llorando en silencio todo el tramo. Pero no me podía quejar. Mi padre no lo permitía. Y después, de repente, una dolorosa timidez comenzó a latir en mí. Tenía miedo, miedo de hablar, miedo de que me notaran, miedo de hacer amigos, miedo de acercarme a personas porque nos fueran a separar de nuevo. En Prince Edwards County yo me sentía cómoda –tenía a Papi, a Mama y a mis hermanos. En este lugar nuevo tenía a algunos de mis hermanos, Terrie y Samuel, pero no a Papi y a Mama. Todo mundo sabía mi nombre en la primaria Levi Elementary School. Pero en la secundaria Abraham Lincoln en Berkeley, Virginia yo no conocía a nadie ni quería conocer a nadie, y a nadie parecía importarle querer conocer a esta niña de campo.

~

A unos kilómetros de Berkeley estaba Norfolk, una gran ciudad comparada con Prince Edward County. Norfolk tenía todo lo que ofrece una gran ciudad –luces de neón brillantes, mucha gente y restaurantes, entretenimiento en vivo, cines, música de rocola, bailes y aventura. Siendo niña de campo, no estaba acostumbrada a las luces brillándome en la cara o al ruido de la muchedumbre. No estaba acostumbrada a despertar en las mañanas y desayunar sólo hojuelas de maíz con leche. En el campo, para el desayuno comíamos tocino, huevos, pan casero con melaza y suficiente mantequilla. Comíamos todo frito, desde papas blancas fritas con cebolla, camote frito, manzanas fritas, o maíz frito recién cortado del elote. Recuerdo a Mama haciendo cuatro bandejas de panecillos hechos desde cero. Los panecillos salían goteando con mantequilla derretida. Su receta era harina con levadura, manteca de puerco fresca (colectada de los chicharrones de los puercos, después de la matanza) y suero de mantequilla. En Norfolk, teníamos suerte si teníamos suficiente leche para nuestro cereal para toda la semana. Si se acababa la leche, ni modo, ya que Tía Hattie y Tía Sadie, las hermanas de mi madre biológica, solo hacían compras una vez a la semana.

Recuerdo cuando me presentaron a Tía Hattie y Tía Sadie por primera vez. El aire de la tarde de agosto se sentía perfecto, pero el ambiente del apartamento de Tía Hattie no. Las dos estaban en sus años treinta, y tenían pelo rizo suave y negro. Eran bendecidas con bellas figuras, un poco rollizas. Ese día, figuraban viejas, especialmente Tía Sadie. A lo largo de los tiempos que me quedé con ellas, nunca las vi dar afecto a sus propios hijos. No significa que no los querían, simplemente no lo demostraban con mucha emoción. No daban abrazos, no eran cariñosas como mi papá y madrastra. Sin embargo, Tía Hattie parecía ser más amable que Tía Sadie. Las cejas arqueadas de Tía Hattie y sus grandes ojos cafés ejemplificaban su gentileza. En aquel entonces, a ella le encantaba cantar, cocinar, y bailar. Después de menos de un año de conocerla, ya la quería mucho y la considero mi tía favorita.

Mi otra tía, Tía Sadie, era cocinera, empresaria y costurera, además de tener ya dos trabajos. Todos en la familia sabían que ella prefería morir que ser pobre. Una mujer insolente, ella era muy atrevida y pícara, nunca temerosa de expresarse. Yo nunca tuve problemas en hacer lo que me decía, porque me intimidaba. Una mujer que le temía a Dios, ella se fue de la casa a los 15 años a causa de terror e inestabilidades; encontró estabilidad en Norfolk y nunca miró hacia atrás.

~

Jean, Samuel, Terrie y yo nos mudamos inicialmente al departamento dúplex de Tía Hattie cuando llegamos a Norfolk. El departamento tenía dos familias por unidad y tenía más departamentos dobles al otro lado de la calle. Cuando llegamos, Tía Hattie tenía a sus dos hijos, Bishop y Arthur Lee, viviendo con ella. No nos llevábamos mucho en edad, así que congeniamos instantáneamente. Su primer esposo, Alfred Brown, a quien llamaban "Brown", era un exitoso conductor y dueño de una compañía de taxis. Trabajaba durante el día, y muchas noches también, así que no lo veíamos mucho. Nos tomó mucho ajustarnos los primeros meses, especialmente después de ver insectos corriendo en el departamento de Tía Hattie. Nunca se me olvidará cuando le apunté a uno corriendo sobre la mesa de la cocina. Tía Hattie me miró sorprendida y dijo:

—Niña, ¿nunca habías visto una cucaracha?

—No, señora —le contesté tímidamente moviendo mi cabeza a la vez.

Me dijo que me acostumbrara a ellas, y sentí un poco de alivio cuando me dijo que no me iban a morder. Aunque ella mantenía su departamento limpio, la familia vecina no y sus cucarachas encontraban camino al departamento de mi tía.

Rápido aprendí a no dejar comida sobre la mesa porque las cucarachas llegaban a ella antes de que yo diera mi primera mordida. Sin embargo, las cosas cambiaron después de unos meses de nuestra llegada. Recuerdo nuestra emoción cuando Tía Hattie se mudó del departamento doble a una casa color café en Walnut Street en Berkeley. Nos fuimos de un departamento infestado de cucarachas a un lugar donde todo, incluyendo los aparatos de cocina, parecía nuevo. La casa tenía cuatro recámaras arriba. Era muy diferente del departamento. Estaba más contenta en la casa. Era mucho mejor que donde estábamos. En aquel entonces parecía como si nos hubiéramos ido al campo. Aún había cucarachas, pero no tantas.

Recuerdo a Tía Hattie decir que las cucarachas del departamento venían de los vecinos sucios. De manera que malmiré la casa vecina de nuestra nueva casa y me pregunté cómo sus cucarachas lograban atravesar y llegar hasta nuestra casa con la cual no colindaba. Exploré la tierra entre las casas para ver si las veía cruzar hacia nuestra casa. Al final, nunca encontré una y mejor decidí aceptar las pocas que teníamos y ayudar a mantenerlas bajo control con la botella de Raid de Tía Hattie.

A Tía Hattie, con su personalidad muy sociable, le encantaba cocinar. Siempre cocinaba para mucha gente, tal vez porque tenía a tantos en casa a quien darles de comer, o quizás porque trabajaba en Gem's Café, un café en el otro lado de la ciudad que servía más que menos a una clientela blanca. Durante años, ella fue mesera y cocinera en ese restaurante. Ella sazonaba los platillos de tal manera que hacía que gente regresara por más. Además de cocinar, a ella también le daba gusto ayudar a la gente menos afortunada. Todos en la vecindad sabían que podían llegar a la casa de Tía Hattie y comer algo. Tía Hattie demostraba su afecto de otras maneras y ella daba mucho de manera gentil y generosa.

Aprendí sobre el don de dar de verla a ella y a mi madrastra. Les daba tanta alegría ayudar a la gente. Tía Hattie era conocida por permitir a mujeres necesitadas buscar ropa en su clóset donde tenía ropa de todo tipo. Yo fui testigo de cómo mujeres se limpiaban sus lágrimas impactadas por la generosidad de Tía Hattie al salir de su casa con bolsas llenas de vestidos, fondos y medias.

Justo antes de terminar el verano, Tía Hattie organizaba su gran block party, la fiesta anual del bloque o la cuadra. Definitivamente era el lugar dónde estar. Ella conseguía que la ciudad cerrara su calle. Y había una cantidad de comida. La mayor parte de la comida era donada por negocios locales. Muchos oficiales, pastores, miembros de la iglesia y líderes de la comunidad se reunían con los demás miembros de la comunidad para conocerse, convivir y divertirse. Grupos musicales locales tocaban en un escenario improvisado y cuando caía la noche, un amigo del esposo de Tía Hattie llamado Tiko, se convertía en DJ y tocaba música popular de la época. Dándole vueltas a la consola, él tocaba para la audiencia muchos pioneros musicales como Jackie Wilson, The Drifters, Chuck Berry, Aretha Franklin, Tina & Ike Turner, Ray Charles, James Brown y más.

Asegurándose que todo mundo lo estaba pasando bien, Tía Hattie caminaba elegantemente por la fiesta en sus faldas ajustadas y zapatos de tacón alto. Con la ayuda de su faja para esconder los rollitos, ella tenía un cuerpo de figura clásica de guitarra de los años 50. Su personalidad efervescente era muy similar a la del finado Harlow Fullwood de Fullwood Foundation. El Sr. Fullwood era un filántropo gentil y respetado cuya fundación daba becas a estudiantes para la universidad. Su banquete anual también era muy notable. Definitivamente era el lugar donde estar si te gustaba la buena comida y una noche maravillosa de escuchar música bajo las estrellas. Se ha dicho que nadie le dijo "no" al Sr. Fullwood o a la Tía Hattie porque cada uno tuvo una reputación de hacer grandes cosas en la comunidad.

El esposo de Tía Hattie era masón, y ella era parte del grupo Eastern Star, una organización fraternal abierta a ambos hombres y mujeres. De adolescente, descubrí a través de sus conversaciones por teléfono, que mujeres deben tener una afiliación con un masón para entrar. Recuerdo que mi padre era masón y siempre lo buscaban en la comunidad y en el centro masónico por sus grandes ideas, apoyo y ayuda. A Tía Hattie también la buscaban. A ella le encantaba ayudar y asistir a estos eventos caritativos.

Recuerdo verla vestida en un vestido largo de shakira para el banquete anual de Eastern Star al cual ella y su esposo asistían. Para mí, ella figuraba como una estrella de cine toda arreglada y glamorosa. Me hipnotizaba su apariencia de muñeca, verla pintarse sus labios de color rubí y sus ojos color café brillantes. A mis 13 años, yo quedé tan impresionada con ella. Recuerdo estar sentada en una banca al lado de su tocador, comiendo una galleta o algo por el estilo que me había traído de la panadería, y sintiendo tantos deseos de querer ir al banquete. Antes de salir, Tía Hattie atravesó el piso de madera de su recámara en sus tacones rojos, dándose de vueltas en su vestido de gala brillante.

–¿Cómo me veo? –preguntó.

–Hermosa –contesté yo con una sonrisa.

Me acarició la cabeza y entonces ella y Tío Brown, en su traje negro y guantes y sombrero, salieron a disfrutar la noche.

Después de tales eventos, al llegar a casa ella nos contaba a Jean, a Terrie y a mí de lo bien que lo había pasado. Me encantaba escuchar como había ido su noche. Antes de quitarse su vestido, relajarse en un baño de burbujas y retirarse para la noche, ella nos mostraba algunos de los pasos de baile que había hecho esa noche. Era una bailarina maravillosa. Supongo que de ahí saqué mi amor por el baile de salón y por bailar, punto; ya sea de ver a Tía Hattie bailar, ver el programa American Bandstand, o escuchar discos en la rocola de la tienda de Tía Sadie.

~

Mis hermanos y yo no sabíamos que nuestro tiempo con Tía Hattie iba a ser corto. Al poco tiempo, nos fuimos a vivir con Tía Sadie que en aquel entonces era dueña de su primera tienda, Sadies's & Mike's. Me vi obligada a empezar en otra escuela secundaria ya que nos mudamos.

Desde un principio, yo sabía que Tía Sadie era una persona seria y una jefa estricta. Rara la vez sonreía. Las únicas veces que la vi sonreír fue cuando uno de sus hijos, Alex "Moses" o Richard "Syndey Poitier", venían de la base militar a visitar, o alguien le daba dinero. Aparte de estas veces, ella no sonreía mucho. Yo amaba a sus hijos. En aquel entonces los consideraba mis hermanos mayores. Moses estaba en la Fuerza Aérea, y Richard en la Marina y se le conocía como Sidney Poitier porque se parecía al famoso actor. Los dos hermanos eran más amables que su madre, que trabaja, iba a la iglesia, y después de regreso al trabajo. Su tienda, Sadies's & Mike's, también conocida como una tienda de abarrotes y golosinas en aquel entonces, vendía hot dogs y chili casero, hamburguesas, hamburguesas con queso, papas fritas, cangrejo frito y al vapor, pollo frito, y pescado. El menú del desayuno consistía de huevos, panecillos, queso y panecillos de salchichas y panecillos de tocino o tortas. Además, vendían papitas y galletas con queso, comida enlatada, pan y otros comestibles y productos caseros. Más tarde en mi vida me contaron que Tía Sadie hasta vendía aguardiente en el cuarto de atrás pasando la cocina, y manejaba apuestas.

Creo que no habíamos estado ni una semana en la casa de Tía Sadie cuando me mandó a la tienda a trabajar el mostrador y a tomar ordenes. Al principio, no me molestaba porque me hacia sentir mayor y madura como Mama me hacía sentir en Meherrin. Sadies's & Mike's comenzó siendo un lugar divertido dónde la gente negra iba a comer, a jugar cartas, a escuchar música, a bailar, a reírse y esencialmente a disfrutar de la vida. Pero en el momento en que me daba cuenta que ya me quería ir y no podía hasta que la tienda cerrara, lo cual era después de la medianoche, el trabajo pasó de ser divertido a ser sumamente cansado.

MIS RAICES EMPRESARIAS Y HABILIDADES DE COCINA

Al reflexionar, puedo ver que mis experiencias en Sadies's & Mike's me enseñaron muchas lecciones estrictamente de Tía Sadie. Ella y el Sr. Simon, su amigo judío y manager de la tienda, me enseñaron cómo manejar un negocio, desde abrir en la mañana, cocinar y hacer inventario, hasta cerrar en la noche. Las habilidades de cocina que aprendí de Mama y ahora de mi tía me hicieron una mejor cocinera sureña hoy día. Mi familia y mis amigos se asombran por la variedad de mis platillos y recetas especiales como *mac and cheese*, ensalada de papa, pudin de pan, pudin de maíz, chili, *Great Northern Beans*, frijoles pintos, sopa de pollo, sopa de vegetales, maíz frito, manzanas fritas y muchos platillos más.

Es más, mi primo Lorenzo, a quien considero más un hermano que primo, me hace burla y le dice a familia y a familiares que yo soy la única doctora que él conoce que sí sabe cocinar. Él bromea que muchos de sus amigos educados o no saben cocinar una comida bien o no saben cocinar para nada. Usualmente sólo tienen agua y comida para conejos (vegetales) en su refrigerador. Y tienen una cantidad de números de teléfono que pueden marcar para recibir rapidito entregas de cualquier tipo de comida que se les antoje.

Pero, siendo el caballero sureño que es, ordenar comida no es lo mismo que una cena preparada en casa. Su bella y devota esposa, Bettie, lo consiente y le cocina comidas caseras casi a diario ya que a él no le gustan tanto las sobras. Ella también es una excelente cocinera y ha agregado platillos a mi repertorio que puedo cocinar bien. En mi libro de cocina comparto muchas de mis recetas de cocina sureña y recetas saludables también.

A pesar de que aprendí varias lecciones y habilidades que me prepararon para la adultez, vivir con Tía Sadie muchas veces fue difícil. Me trabajó muy duro cuando estuve bajo su cuidado. Yo trabajé horas de un adulto mucho antes de que yo legalmente fuera uno. En el momento pensé que era trabajo de esclavos por que era muy injusto. Después de la escuela, cuando otros niños podían descansar después de un día de escuela y jugar antes de hacer tarea, yo tenía que estar en la tienda detrás del mostrador tomando ordenes y cocinando. Creo que mis libros de texto olían como todo un almuerzo. Aprendí a trabajar aptamente, a pensar rápido, y a contar dinero en mi cabeza para devolver el cambio correcto; todas capacidades que he llevado conmigo a lo largo de mi vida.

Tenía que recordar y memorizar lo que había leído porque no tenía mucho tiempo para hacer mi tarea. Sabía que al llegar a casa después de trabajar en la tienda, lo cual era después de la medianoche muchas veces, Tía Sadie me decía que apagara todas las luces para no gastar electricidad. No tuve más opción que leer bajo las sábanas con una lámpara. Y mejor que no me quejara. Si acaso parecía que no estaba contenta viviendo con ella o trabajando en su tienda, Tía Sadie me miraría con esos ojos grandes y cafés como si diciendo, "Tu eres una niña acogida y tienes que hacer lo que yo diga. Después de todo, yo no me tengo que quedar contigo. No te estoy cobrando comida ni renta". Esa era personalidad.

MI CONEXIÓN JUDÍA

Tía Sadie le dio al Sr. Simon, su amigo judío, luz verde para administrar su tienda. Para mí, el Sr. Simon agregaba diversidad a la tienda y le daba al negocio cierta respetabilidad. Odio admitirlo retrospectivamente, pero parece que él legitimó el negocio y lo sancionó como un negocio de verdad. Le doy crédito a Tía Sadie, sabia cómo jugar el juego de los negocios, y el Sr. Simon tenía destreza empresarial y una personalidad sociable para realizar el papel. Él era un muy buen trabajador y parece que le encantó ayudar a esta mujer minoritaria empresaria tener éxito.

Cuando trabajé ahí, percibí que el Sr. Simon sentía pena por mí porque de vez en cuando él me pasaba unos dolaritos para comprar cosas en la escuela o donde yo quisiera como cualquier otra adolescente normal. Me enseñó algunas tradiciones judías como la cena de Pascua y la historia del holocausto. Me enseñó a preparar platillos como salmón con arroz, *brisket* que es falda o costilla de res y *matzah balls*, o pan ázimo, una comida básica en la Pascua Judía. Él se convirtió en un mentor y en una figura paternal para mí, y gracias a él, tengo un lugar muy especial en mi corazón para la gente judía. Recuerdo que muchos años después, me preguntó el presidente de Coppin State University, después de ser apuntada como vice-presidente para representar la universidad y unirme al grupo judío llamado BLEWS, the Black/Jewish Forum of Baltimore, Maryland (Foro Negro-Judío) que se fundó en 1978 en un esfuerzo de lograr conexiones entre los afro-americanos y los judíos.

Me uní al grupo y eventualmente serví como vice-presidente de la organización por dos años y presidente por los próximos tres años. Estaba yo muy emocionada de reconectarme con el lado judío de mi infancia. Ya tenía yo relaciones con este mismo grupo de amigos judíos de cuando era yo superintendente asistente de las escuelas de la Ciudad de Baltimore. Mi oficina de área estaba en el anexo de la escuela secundaria Pimlico Middle School, la cual estaba en la frontera con la comunidad judía, cuando el cierre de la escuela Pimlico causó gran polémica en la comunidad negra a causa de inscripciones bajas. Los líderes judíos asistieron a varias reuniones de la comunidad y bien entendieron y mostraron empatía por las preocupaciones compartidas y por ayudar a mantener la escuela abierta. Formé muchas amistades que después me sirvieron en otras áreas de mi vida; por ejemplo, mi amigo judío Larry Stappler quien se convirtió en director de la junta de la Fundación de Coppin y me ayudó a recaudar fondos. Algunos se hicieron parte de la junta directiva en Coppin State University y fueron instrumentales en ayudar a Coppin de otras maneras cuando me convertí en vice-presidente y presidente de BLEWS. Muchos de ellos a quienes he conocido en diversas capacidades son buenos amigos hasta el día de hoy.

Otro ejemplo de mi conexión y amistad judía es cuando conocí a Mary Ann Sack a través de Jeff Donahue, mi compañero de clase de Leadership Montgomery 2004, que me ayudó a planear la tercera casa de crianza temporal para jóvenes. Mary y yo nos conectamos de inmediato.

Ella era miembra de WHCT, Washington Hebrew Congregation Temple, Templo de Congregación Judía de Washington, y me presentó al Rabino Lustig y a otras damas de la hermandad auxiliar. Bajo el liderazgo del Rabino Lustig y el liderazgo de rabinas, WHCT también apoyó y adoptó La Casa de Tía Hattie y animaba a su sinagoga a asistir también. Mary Ann tuvo un gran evento de recaudación de fondos en su casa e invitó a cien de sus amigos más cercanos en julio, mes en que muchos están de vacaciones. Y aún así, me impresionó mucho cuántos llegaron al evento. Otro graduado de Leadership Montgomery y buen amigo de Jeff, llamado Greg Dillon, de Dillon Development Partners, me acompañó para responder a preguntas técnicas. Dada la influencia de Mara Ann, ella reunió una gran audiencia que quería escuchar mi visión y discutir el programa y los planes para la nueva casa de crianza temporal para jóvenes en Sandy Spring.

Más tarde ese mismo año, me invitaron a ser la presentadora en la Cena Conmemorativa de Martin Luther King de WHCT. Llevé a un total de 18 jóvenes de ambas casas de crianza temporal, todos vestidos con camisa y corbata. Los jóvenes hicieron su rendición especial de "Tengo un sueño", de Martin Luther King, Jr. e impresionaron a toda la congregación, inclusive a mí. Cada año desde entonces, nos invitan a la Cena Conmemorativa de Martin Luther King y sus servicios de la cena de Pascua.

Mis hijos acogidos y yo disfrutamos de esta conexión y amistad con mi gente judía. Todo esto brota de la gentileza del Sr. Simon en mis años de adolescencia. Él encontró favor en mí y me dijo que tenía una buena cabeza empresaria sobre mis hombros y que iba a ser algo grande algún día.

ENCONTRÁNDOME A MI MISMA Y A MI PASIÓN

En Norfolk, tomé mi educación muy en serio porque no quería quedarme atorada viviendo con Tía Sadie el resto de mi vida, atorada en su tienda con clientes que constantemente entraban y me interrumpían cuando trataba de hacer mi tarea. Nunca hubo un momento de descanso en esa tienda. El Sr. Simon, al tanto de mi frustración, me daba chance de estar en el cuartito de atrás con una lámpara para estudiar mientras Tía Sadie hacía mandados o estaba en una reunión. Encontré favor con el Sr. Simon y me mantuve en contacto con él durante años después de que me casé y me fui de la casa de Tía Sadie.

Tía Sadie era un gran contraste de mi madrastra que parecía ser una persona feliz y hacer feliz a gente a su alrededor. Mientras viví con Tía Sadie, me perdí los momentos especiales con mi madrastra. A pesar de que estaba molesta con Mama por esconder el hecho de que no era mi mamá biológica, extrañaba su sonrisa cálida y su afecto. Disfrutaba tanto de nuestro tiempo privado juntas, temprano en la mañana cuando todos en nuestra casa dormían y solo ella y yo estábamos en la cocina preparando el desayuno para el resto de la familia. Teníamos una conexión madre-hija. Ella me daba las gracias, me alababa lo bonito que había puesto la mesa, aunque lo había hecho de la misma manera un sinfín de veces. Me encantaba lo que sentía cuando ella me echaba flores o era buena conmigo. Y Mama siempre fue buena conmigo. Tía Sadie no.

Un día mientras lavaba trastes, miré por la ventana y vi a mi papá caminando hacia la casa. Tiré la cacerola que estaba lavando y salí corriendo. No podía correr lo suficientemente rápido. Mi hermano y hermana ya estaban allí. Cuando se abrió la puerta, nos abalanzamos sobre mi papá y no lo soltamos, como abejas sobre la miel. Con nuestros brazos abrazando su cintura lo apretamos lo más que pudimos. Tía Sadie estaba sentada en una esquina doblando ropa con una mirada de enojo y sorpresa, como diciendo que algo tenía que haber pasado para que mi papá apareciera de la nada.

Sin yo saberlo, mi hermana y mi hermano se habían comunicado con mi papá por teléfono o por correo, pidiéndole que viniera por nosotros y nos sacara de este lugar tan terrible. Ya estaban cansados de las exigencias de Tía Sadie. Mientras Samuel y Terrie hablaban con mi papá, Tía Sadie me jaló a un lado y me dijo que estaba en mi mejor interés, y en el de mi educación, quedarme con ella y dejar que ellos se regresaran a Maryland donde mi papá se había llevado al resto de la familia de Meherrin.

Ella sabía cuánto yo valoraba mi escuela y que yo pensaba que la educación era la llave para el éxito, las conexiones y la oportunidad de convertirme en la maestra que la Sra. Brown dijo que sería algún día. Así que aquella tarde, vi a mi hermano y a mi hermana irse con nuestro padre. No les tomó mucho tiempo empacar ya que creo tenían preparadas sus maletas, listas para cuando apareciera papá.

Aquel día frío de noviembre, tomé la decisión de quedarme con Tía Sadie para dedicarme a mi educación. La luna de miel no duró mucho ya que tuve que aguantar su personalidad enojona, soberbia e inestable. Muchas veces, me escapaba del ambiente represivo al pensar en Meherrin. ¡Cúanto extrañaba el campo! Extrañaba el campo abierto y el panorama bello. Extrañaba los caminos empedrados del campo. Extrañaba el canto de los gallos, el moer de las vacas y los gruñidos de los marranos.

~

Varias veces trabajando en la tienda de Tía Sadie, me ponía en trance pensando en el día que no fui a la escuela en Meherrin. Fue el día que Mama me tomó en sus brazos y me abrazó y cubrió de besos mi cara y mis mejillas. Yo la había hecho sentir muy orgullosa ese día. Tenía 11 años en aquel entonces. Todos los otros niños estaban en la escuela. Mama pensó que yo estaba muy enferma para ir a la escuela ese día. Hizo que me quedara en casa. Vi cómo enrolló su cabello y se puso pasadores y una preciosa bufanda en la cabeza.

A pesar de que Mama fue ama de casa la mayor parte del tiempo, también trabajó muchos días en la tiendita de mi papá en Meherrin, la cual estaba abierta para servir almuerzo a sus empleados. Aquella mañana, ella se dirigía a la fábrica de pepinos que quedaba a unos ocho kilómetros de la casa. En los meses más calurosos esto era un trabajo de tiempo medio. Ella traía a casa los pepinos rechazados para que nos los comiéramos, pero para mí, sus pepinos caseros eran dulces y picosos y sabían mejor que aquellos pepinos desabridos que traía de la fábrica.

Cuando se fue, me sentí sola en la casa vacía. Me acosté viendo el techo. No me sentía enferma ese día, así que me levanté de la cama, me alcé el cabello y me puse una bufanda en la cabeza como Mama; bajé y miré por la ventana de la sala. Era un día precioso. Días soleados en el campo siempre eran días buenos para lavar la ropa y tenderla para secarla. Esos días, se lavaban sábanas y ropa todo el día, y se conocían como "*Wash Day*, día de lavado".

Primero, Mama checaba los barriles de agua que colectaban la lluvia que caía del techo de lamina de la casa para ver cuánta agua le podíamos dar a los animales. Si quedaba agua, la usaba para lavar la ropa de color. El día de lavado también requería que mis hermanos y yo camináramos al arroyo varias veces al día, que quedaba a unos dos kilómetros de ida, y regresáramos con cubetas de agua para lavar. Yo miraba como Mama y mis hermanos mayores hacían una gran fogata alrededor de la gran olla negra con palitos secos y madera para calentar el agua que habíamos traído del arroyo.

En aquellos tiempos, ser "verde" (o ecológico) no era una opción. Era una necesidad. El agua caliente se usaba en la maquina de lavar que mi papá compró en Sears and Roebuck. Primero se lavaban las sábanas en una dirección y después en otra. Después de 20 minutos, o cuando Mama pensaba que ya estaban limpias, las metía por la exprimidora y después las pasaba a una tina llena de agua fría y clara del arroyo. Mama le agregaba *bluing*, un antiguo producto casero que nunca faltaba en las lavadas, que hacía que el agua se volviera de color azul profundo.

Descubrí más tarde en mi vida el por qué Mama usaba *bluing* en su agua de enjuague. Era para hacer las sabanas y ropa blanca parecer más blanca. Eso era muy importante para la gente de campo al tender su ropa en tendederos. No querían que vecinos vieran en los tendederos sus sábanas o ropa blanca manchadas o sucias. Les daba mucho orgullo tener ropa blanca. La ropa de color no era tan importante, pero la ropa blanca resaltaba.

Este día soleado, lavé y cociné yo sola. Caminé al arroyo unas tres o cuatro veces, acarreando el agua necesaria para lavar. Eché el agua de arroyo y jabón detergente Tide a la olla negra afuera e hice un fogón para calentar el agua con jabón. Después que el jabón se disolvió en el agua, eché el agua a la lavadora y empezaron las aspas a rotar. Lavé unas cuantas prendas blancas manchadas en el lavadero y después metí éstas en la lavadora con la otra ropa blanca.

Después de lavar y enjuagar la ropa blanca en el agua azul, saqué la tina de ropa para tenderla con pinzas de madera. Nuestras sábanas blancas se movían en el aire a lo largo de los tendederos. Me encanta el olor de sábanas recién tendidas. Recuerdo que nosotros de niños corríamos por las sábanas oliendo su aroma fresco.

Después de tender las sábanas, fui a nuestro gallinero. Normalmente, esperábamos hasta la noche para atrapar a las gallinas porque se movían menos. Pero este día, sabía que mi familia iba a llegar con hambre de la escuela y el trabajo. No lo pensé dos veces, me sentía muy segura de mí en la cocina. Me acerqué a las gallinas silenciosamente y rápido agarré una que tomé de sorpresa. Sostuve la gallina cerca de mí para que no aleteara y espantara a las demás gallinas. Hice lo que vi a Mama hacer tantas veces. Rápido agarré el pollo por el pescuezo y le di de vueltas en el aire hasta oír tronar su pescuezo. Después le arranqué la cabeza y dejé que aleteara hasta caer muerto. Mientras éste aleteaba, fui por otra gallina, que para entonces ya sabía de qué se trataba la cosa.

Casi siempre necesitábamos mínimo cuatro pollos para cada comida. Después de conseguir los pollos que necesitaba, los metí en agua caliente dentro de la gran olla negra afuera. Después de un minuto, removí los pollos y empecé a desplumarlos. Ya desplumados y limpios, los descuarticé –guardando las patas, el espinazo y el pescuezo para la sopa.

Después sazoné el pollo con sal y pimienta, así como vi a Mama sazonar el pollo en el pasado. Le puse manteca al sartén y con un cerillo prendí la leña de la estufa. En un traste con harina puse las piernas y los muslos. En cuanto se convirtió en aceite caliente la manteca, metí a freír las piezas, causando que toda la casa oliera rico. Después, preparé los frijoles norteños, *Great Northern Beans*, con pedazos de jamón, que nunca faltaban en casa. Mama siempre tenía una gran olla de frijoles cociendo en la estufa. En la rara ocasión que no hubiera frijoles, teníamos pollo y *dumplings* (bolitas de masa rellenas), pero la mayoría de las veces teníamos frijoles.

Lavé y corté una col. Le agregué manteca, sal y pimienta al agua y eché la col. Agregué leña a la estufa. Sabía cuánto le gustaba a mi familia el pan de elote así que preparé un pan de elote grande para la comida. Usé suero de mantequilla y chicharrones crujientes del pan de elote con bastantes huevos frescos. Me dio mucha risa cuando salí al gallinero por los huevos y todas las gallinas empezaron a correr al verme, como diciendo "ésta viene por más". *Cuatro son suficiente*, les aseguré.

Regresé a la cocina y coordiné que todos los platos estuvieran listos simultáneamente, así como Mama me enseñó, para que todo estuviera calientito al comer. Cuando ya casi estaba la comida, puse la mesa con la bella vajilla y cubiertos que usábamos en ocasiones especiales. Yo pensé que mi familia era la compañía especial ese día y que tras pasar el día acarreando agua, lavando ropa, correteando gallinas y cocinando, quería que ellos se sintieran como invitados especiales —como el pastor o los familiares que venían a visitarnos del norte.

Mama entró a la casa y vio todo lo que yo había hecho. Sus ojos primero expresaron sorpresa y después alegría. Me abrazó tan fuerte que no podía respirar. Sonrió el resto del tiempo.

—Niña, ¿Cuándo…? ¿Quién…? ¿Es que hiciste todo esto tú sola? —me preguntó.

—Sí, señora —asenté con la cabeza y una pequeña sonrisa.

—¿Cómo supiste hacer todo esto?

—Aprendí viéndola y ayudándola a Usted.

Mama me dio otro gran abrazo y también a mis hermanos. Aquella noche miré alrededor del comedor y vi a todos comiendo, sin darle descanso al tenedor. Viendo las sonrisas en las caras de mis seres queridos disfrutando esa tanda de frijoles con jamón, pollo fresco y frito, col sazonada y pan de elote doradito, fue amor para mí. Aún valoro ese sentimiento extraordinario de hacer algo más allá de mis habilidades para complacer a alguien más.

Mama estuvo tan orgullosa aquel día que le contó a toda persona que la escuchara la historia de cuando yo lavé la ropa, desplumé los pollos y cociné una deliciosa comida que hizo que toda mi familia se chupara los dedos. Inclusive presumió lo limpio que yo había dejado la cocina al terminar.

Con los años, mis habilidades de cocina mejoraron. Pero no soy nadie en la cocina comparada con mi madrastra. En aquellos días, gente cocinaba todo natural desde cero. Todos eran chefs auto-enseñados. Recuerdo los famosos postres de Mama. Me encantaban todos. Uno siendo su pan de frutas: remojado en ron y envuelto en un manta de queso. El pan de frutas de Mama era el postre ideal en invierno. Hay mucha gente que no le gusta el pan de frutas, pero Mama ha logrado convertir hasta los individuos más renuentes. Sus ingredientes eran nueces, pasas oscuras y claras, harina, huevos, azúcar y frutas secas como dátiles, cerezas y piña, además de canela, nuez moscada y sal. En la parte de atrás de la casa había un árbol de nogal y un árbol de pacana. De niños, en tiempo de Navidad, recogíamos las nueces caídas para abrir cada una con un martillo. Las nueces eran para los famosos panes de fruta de Mama. Mama siempre nos cautelaba de pedacitos de cáscara en las nueces. Nos decía: "Un pedacito de cáscara en la boca al comer pan de fruta es la peor cosa que puede pasar y arruinaría un gran pedazo de pan de fruta".

De niños también le ayudábamos a Mama a conservar fresas, duraznos, cerezas y tomates. Por más que me encanta comer fruta fresca, he aprendido que solo se puede comer tanta fruta en un solo día, y con lo que queda se puede hacer mermelada, vino o fruta congelada. A mi familia le encantaba hacer sus propios escabeches y particularmente el sabor único que le da el agregar *allspice* o pimienta inglesa, azúcar y vinagre a lo que estuviéramos preparando en escabeche. Es más, Mama nos enseñó cómo conservar en vinagre la cáscara de sandía, también conocido como *watermelon pickles*, escabeche de sandía. Es un postre invernal que extraño profundamente.

~

Hay tantas ventajas de vivir en el campo: el espacio, el silencio, y la hermosa noche. Cosas que extraño del campo son ver las luciérnagas como linternas en la noche, ver el sol caer en el horizonte y el espacio abierto. En el campo, la comunidad entera se reunía y mataba puercos, típicamente temprano en el invierno. El evento se llamaba *Hog Killing Time*, La Matanza de los Puercos. Los hombres mataban a los puercos con cuchillos y machetes y los destripaban.

El puerco entero era consumido de "*rooter to the tooter*, boca-a-cola". De cada uno se sacaba jamón, tocino, chuletas, patas, etc. Los intestinos, conocidos por muchos campesinos como *chitterlings*, o tripas de cerdo, eran una exquisitez cuando se limpiaban y se preparaban con vinagre, cebolla y salsa picante. A la gente menos afortunada les encantaba esta época del año porque todos los de la comunidad regalaban grandes porciones de puerco para que se llevaran a casa.

No había nada como los platos crujientes de Mama para comenzar una suculenta cena de domingo con pan de elote crujiente terminado con mantequilla fresca y derretida encima. Una comida básica sureña, aún sigo la receta original de Mama para este pan que consiste de: chicharrones de puerco frescos y la grasa que sale de freírlos, harina de maíz gruesa, harina con levadura, un poco de levadura en polvo y bicarbonato, una pizca de sal, y una cucharadita de azúcar. Y no se me puede olvidar el suero de mantequilla y el huevo levemente batido antes de ser mezclado con los demás ingredientes. Recuerdo que algunas veces Mama quería lograr cierto efecto y le agregaba granos de elote fresco a la mezcla. Cuando lo hago yo, mis amigos y familiares se chupan los dedos, así como lo hicimos de niños.

Recuerdo que a Papi no le gustaban los cueritos y de niños esperábamos a que terminara y se retirara de la mesa para que nos lanzáramos sobre su plato por los cueritos y los huesos que dejaba, inclusive para limpiar con la lengua su plato, ya que así limpiábamos los nuestros.

Mama no fue la única que me enseñó a cocinar. Mi hermanastra mayor, Audrey, me enseñó cómo hacer *coleslaw* (ensalada de col) de col fresca y zanahorias rebanadas. Aún sigo su receta hoy día.

~

Hubo momentos de niños, en que mis hermanos y yo nos subíamos a la camioneta de mi papá y él nos llevaba por toda la carretera de terracería hasta su negocio de madera. Muchos familiares de mi papá vivían sobre ese camino de tierra, cruzando las vías de ferrocarril donde había huertos de manzanos y duraznos de los dos lados. El camino de tierra era tan angosto que podíamos estirar las manos de la camioneta y agarrar varios duraznos colgando. Saludábamos a Tía Pauline, una tía de mi papá que era sorda. Ella le puso "Junie Boy" de apodo a mi hermano. Ella adoraba a Junie Boy. Mi hermano se quedó con ella por un tiempo cuando era chico después de morir nuestra madre y se volvieron muy cercanos. Tía Pauline ya no vive, pero sé que estaría muy orgullosa de mi hermano hoy día. Él se recibió como Doctor de Ministro de Union Theological Seminary en mayo de 2009. Después, el 28 de septiembre de 2014 se recibió como obispo ordenado.

De niños veíamos todos los carros y la conmoción en la maderería de mi papá. Mayormente negros, y algunos blancos también, trabajaban para mi papá. Él nos contaba que los hombres tenían familias, así como él, y que trabajaban duro para proveerles a sus familias, así como él trabajaba duro para proveer para nosotros. Nos decía que ellos cortaban los árboles, convirtiéndolos en madera. Después cargaban la madera en camiones grandes para venderla a un aserradero. Yo vi los camiones largos jalando los troncos largos. Hasta vi a mi abuelo, Samuel Neal, conocido como *Grandpa* o Abuelo por todos sus nietos, trabajando para mi papá. Grandpa tenía cabello negro y largo que le colgaba por la espalda.

La mayoría de las veces, él llevaba una trenza larga con una pinza de ropa que aseguraba que no se deshiciera. Grandpa fue un hombre muy guapo, de piel café. Me han dicho que era parte Cherokee. Recuerdo que lo escuché hablar raro una vez. Tenía un acento y pronunciaba sus palabras diferente. De niños, mis hermanos y yo imitábamos cómo él decía ciertas palabras. Una de sus expresiones favoritas era *"It's just like clockwork,* todo funciona como un reloj". Cuando alguien le preguntaba cómo estaba, él contestaba "como un reloj".

Veo a Grandpa en mi hija Cheryl, en mi sobrina Michelle, y en mi nieta Reagan. Las tres heredaron sus largas cabelleras negras y onduladas y complexión café del lado de la familia de Grandpa.

~

Uno pensaría que una escuela de dos cuartos estaría superpoblada. Pero cuando me senté en mi escritorio en la secundaria Abraham Lincoln, el primer año separada de mi familia, yo extrañé la escuela de dos cuartos. La escuela tenía una terracita en frente de cada salón de los dos lados del edificio. La primaria Levi Elementary School no se me hacia muy poblada. Es mas, se sentía como casa. Siempre he apreciado mis años ahí. La primaria Levi Elementary School siempre será especial para mí por quién encontré ahí: mi maestra inspiradora, la Sra. Brown. Ella era una mujer de piel café, gruesa, inteligente y bonita con pelo que algunos llamarían "buen pelo". Su cabellera negro-carbón era ondulada y parecía que no tenía que alaciarlo. La Sra. Brown enseñaba pre-kínder a cuarto año. Incluyéndome a mí, ella enseñaba a unos 30 estudiantes, con todos nosotros en un mismo salón.

Del otro lado de la escuela, el Sr. Johnson, un hombre alto y canoso que fumaba y de vez en cuando se quedaba dormido durante la clase, enseñaba quinto a séptimo año. Muchas veces, los muchachos traviesos, uno de ellos siendo mi hermanastro, Larry, se brincaban páginas de lectura mientras el Sr. Johnson dormitaba. Disimulaban que ellos habían leído la página entera. Cuando los estudiantes se reían, el Sr. Johnson preguntaba qué era tan chistoso y los muchachos respondían "nada". Entonces decía el Sr. Johnson, "Próximo", llamando al siguiente lector.

Recuerdo que al Sr. Johnson se le acumulaban cositas blancas en las esquinas de su boca y que olía a humo de cigarro. Aún así, el Sr. Johnson era un hombre amable que le enseñó a sus estudiantes inglés, matemáticas, ciencia e historia. Durante la semana vivía en la casa de Abuela Miller que quedaba pasando nuestra casa. Y luego, los fines de semana viajaba a su casa que estaba en otra parte del estado, demasiado lejos para ir y venir a diario para enseñar.

Un día de ausencia del Sr. Johnson, después de devociones, a su manera placentera, con vestido florido y cabellera negra y larga, la Sra. Brown decidió dejar la partición que normalmente se bajaba del techo para crear dos salones distintos. Me eligió a mí para enseñar y monitorear la clase. Me dijo que me consideraba una alumna brillante de la escuela. Nunca voy a olvidar aquel día, un momento fundamental que ayudó a delinear mi futuro. No eligió a estudiantes ya en quinto, sexto o séptimo año. Me eligió a mí, una estudiante de cuarto, para enseñar la clase.

Me senté en el escritorio del Sr. Johnson y di la clase como si midiese yo casi dos metros y hubiera estado enseñando por años. Me enseñaron bien. La Sra. Brown fue un gran ejemplo de cómo debe ser una maestra. Aprendí de ella. Vi como manejaba a la vez su tiempo, la enseñanza de maestros en práctica, y varios temas. Yo amaba la educación, y leer y aprender, dos fundamentos que me inspiraron a enseñar educación especial.

En un momento dado los muchachos estaban haciendo relajo, uno de ellos siendo mi hermanastro, Larry. La sonrisa cálida y dulce de la Sra. Brown se convirtió en puchero. Me miró y preguntó:

—Hermana, ¿qué haremos con chicos que se portan mal en la clase?

Así como mi madrastra, la Sra. Brown siempre me decía "hermana", y me encantaba escuchar "hermana" salir de sus labios. Encogí mis hombros, me tomó por sorpresa su pregunta.

—Yo recomiendo darles en la mano con una tabla o una regla —dijo ella.

Volteé a ver a mi hermanastro que tenía sus ojos bien abiertos y redondos como monedas. La Sra. Brown también vio que tenía miedo. Ella se acercó a Larry y le dijo si él no se serenaba, iba a sentir la tabla contra su mano. Larry rápido se enderezó. Le fue fácil ese día. Yo sabía que si la Sra. Brown notificaba a nuestros padres de su comportamiento, Larry definitivamente hubiera recibido nalgadas al llegar a casa. Fue el tipo de niño que nunca estaba quieto; y tampoco le duraba mucho el efecto de las nalgadas.

Larry solía dañar interruptores, y cuando mi papá le pegaba con éste en las piernas se rompía y terminaba relativamente rápido el castigo porque Larry sabía que Mama o Papi no lo iban a mandar a traer otro. Larry nos dijo que hiciéramos lo mismo para salvar nuestras nalgas y piernas de los golpes. Nosotros pensábamos que Larry era un alma valiente, nadie más tenía el coraje o se atrevía a hacer ese truco, solo él. Supongo que como él era quien recibía la mayoría de las nalgadas, por alguna infracción u otra, ya sabía qué hacer.

SOPA DE VEGETALES Y HELADO CASERO EN LA ESCUELA PRIMARIA LEVI

Muchas veces, la Sra. Brown preparaba sopa de vegetales casera en la estufita de nuestro salón de clase. Nos decían a todos el día anterior que trajéramos un plato hondo y una cuchara, al igual que un tarro de vegetales para echarle a la gran olla. Los estudiantes mayores se turnaban en menear la sopa mientras hervía suavemente sobre la estufa. También mantenían la hoguera de la estufa ardiendo con leña que había amontonada en la esquina. Las familias de los estudiantes mandaban leña a la escuela ese día porque sabían que se usaría más leña al cocinar la sopa.

Me emocionaba tanto oler el aroma de los ingredientes: cebolla, papa picada, tomate. La Sra. Brown los agregaba a su tiempo para que no se batieran. La carne en la sopa usualmente era una combinación de pierna de puerco y partes de pollo como el pescuezo, espinazo, patas y alas. Recuerdo que la Sra. Brown primero ponía las carnes sobre la estufa. Cuando éstas ya casi estaban, dejaba que los estudiantes agregaran lo que habían traído de casa. Lo más difícil era esperar a que hirviera y después se enfriara la sopa. El aroma delicioso me hacía agua la boca y que mi estómago gruñera. Cuando anunciaba que ya estaba lista la sopa, nos formábamos en una fila con nuestros platos. La Sra. Brown amorosamente metía el cucharón en la olla de rica sopa de vegetales y servía un gran plato, teniendo mucho cuidado de asegurarse que cada estudiante recibiera un buen balance de vegetales, carne y caldo.

Más tarde ese día, hizo helado casero de leche fresca, azúcar y vainilla. Todos los estudiantes se turnaron en darle vuelta a la máquina antigua de hacer helados que requería sal de roca y hielo seco. Cuando ya nuestros pequeños estómagos estaban llenos, la Sra. Brown nos leía poemas inspiradores de Langston Hughes y Maya Angelou, Kahlil Gibran y otros poetas notables.

Estas son las cosas que extraño de la Sra. Brown y la primaria Levi Elementary School.

~

En el verano de 1962, tomé un autobús Greyhound a la Ciudad de Nueva York para visitar a mi primo Richard, su esposa Dee y tres hijos. Esta era mi primera vez visitando Nueva York. Richard era un superintendente de edificio (mejor conocido como el "súper") en un edificio de lujo judío en una buena área del Bronx. Con él vi una cultura muy distinta de la de Virginia. Recién llegada, entendí por qué le decían a Nueva York "*Melting Pot*, la olla fundente". Verdaderamente es una gran olla donde se funden diferentes culturas, haciendo la ciudad una gran cosmopolita. Podía yo oler el ajo de las *delis*, caminar varias cuadras y la comida sería diferente.

Durante la Feria Mundial, Richard nos llevó a su familia y a mí a Coney Island a turistear. Fuimos a la playa y a caminar por el malecón, donde escuché por primera vez la canción "Under the Boardwalk" de los Drifters. Era una adolescente en aquel entonces, así que me encantó el parque de atracciones en Coney Island y subirme a la rueda de la fortuna y a la montaña rusa y comer mi primera bolsa de algodón de azúcar. También comí pizza por primera vez en Coney Island. No puedo decir suficientes cosas buenas acerca de la pizza de Nueva York. Mi primera pizza fue fresca, crujiente y caliente saliendo del horno. Estaba cubierta de queso mozzarella y bastante *pepperoni*. El cocinero la aderezó con aceite de olivo y me la sirvió sobre papel de cera. La rebanada se sentía caliente en mis manos. Ansiosa por darle una mordida, me quemé la lengua, pero fue la mejor pizza.

Varias veces a lo largo de mi visita, Richard me llevó al famoso teatro Apollo ubicado en Harlem. Mi parte favorita del show en el Apollo fue ver a músicos como Lena Horne, Sam Cooke, Gladys Knight & The Pips y Nancy Wilson. Me fascinaron sus presentaciones. Sin duda alguna, el Apollo Theatre es uno de los mejores lugares que visitar en Nueva York.

~

Al regresar a Norfolk, mi espíritu contento se volvió triste. Me sentí tan despreciada y no querida bajo el techo de Tía Sadie. Tal vez ni me hubiera graduado de la preparatoria si no fuera por un hombre mayor y amable llamado Southall Bass. Él fue el fotógrafo de mi secundaria y preparatoria. Usaba lentes que parecían haber sido hechos específicamente para su cara. Él me encontró gracia. Cuando primero nos conocimos, él se interesó por mí como un padre. Fue su cariño lo que me ayudó a transformarme de una estudiante de secundaria callada y desapercibida a una estudiante de preparatoria que se graduó con honores. Él fue mi padre suplente cuando mi padre verdadero no estaba cerca para guiarme por buen camino. El Sr. Southall Bass me notaba caminar con la cabeza agachada la mayor parte del tiempo en los pasillos de la escuela. Nunca se me olvidará cuando me senté frente a su cámara para tomarme la foto de escuela. Durante la sesión, él trató de hacerme reír, pero yo no tenía por qué sonreír. Me sentía yo deprimida, enojada, y más que nada herida.

Tía Sadie, una mujer muy criticona, me trabajó duro para que me ganara mi estancia. Si ella veía que yo estaba leyendo un libro de escuela o simplemente parecía que hacia yo algo para mi beneficio y para mejorar, me interrumpía y me mandaba a traerle un vaso de agua o a prepararle algo de comer. Ella podía estar a un metro de la cocina, eso no importaba.

~

El Sr. Bass era parte de una organización cristiana llamada The Bachelor Benedict Social Club, que me patrocinó como debutante. La organización consistía de hombres negros exitosos como abogados, doctores, maestros y otros profesionales. El hijo de mi pastor, Vernon, fue mi acompañante a la fiesta del baile de debutantes. Antes de la fiesta, tomamos clases de baile, aprendiendo bailes como el *Waltz*, *Fox Trot* y el *Cha Cha*. Me sentí como la Cenicienta aquella noche.

Y así como la historia de Cenicienta, aquella noche terminó y regresé de nuevo a la casa de Tía Sadie a trapear los pisos y a trabajar detrás del mostrador en la tienda.

Durante la semana de graduación de la preparatoria, decidí no asistir. Alguien mencionó mi desaparición y la policía salió a buscarme. Entonces se hizo primordial terminar la preparatoria y participar en la graduación. Pero a Tía Sadie no pareció importarle. Ella nunca asistió a mis eventos de escuela. Eventualmente me gradué de la preparatoria en junio de 1965, y ese otoño fui a Norfolk Division of Virginia State College, hoy día conocido como Norfolk State University.

La primera vez que pisé el campus de Norfolk State University me encantó el entorno. Era como estar en un mundo diferente. Entré al edificio principal, en aquel entonces conocido como Tidewater Hall (hoy día es un edificio llamado Brown Hall en honor a George W. C. Brown, uno de los fundadores y primeros administradores de Norfolk State) y noté a una amable mujer negra sentada detrás de un escritorio. Le pregunté con audacia:

—Mi nombre es Hattie Neal y quisiera saber, ¿dónde está mi salón de clase?

Me vio extrañamente y se levantó. Se acercó a mí y me tomó de la mano, preguntándome si ya había sido admitida. "No", contesté porque no sabía a qué se refería por "admitida". Me preguntó si había solicitado y de nuevo no supe qué contestarle y la miré con confusión.

—Primero tiene que registrarse, señorita —me contestó.

Después me llevó a la oficina de admisión y registro para llenar todos los papeles para la admisión y la ayuda financiera. Siendo la primera en mi familia en asistir a la universidad, no conocía el proceso. Solo sabía que yo iba a ir a la universidad después de graduarme de la preparatoria.

Uno de los documentos de admisión y de ayuda financiera requería información de impuestos de Tía Sadie. En cuanto llegué a su casa le pregunté y me contestó gritando:

—¡Yo no quiero que esa gente sepa mis cosas!

Me empezaron a rodar las lágrimas tras la cachetada verbal de Tía Sadie. A ella no le importó y regresó a lo que estaba haciendo. Al día siguiente, regresé a campus y les dije que mi tía no iba a darme los papeles necesarios. Ellos me dijeron que no me preocupara y me ayudaron a registrar sin los papeles de impuesto de Tía Sadie.

Le doy gracias a Dios que intervino. A causa de los retos, los retrasos y los obstáculos que he enfrentado en mis años de adolescencia, puedo honestamente decir que me han hecho más fuerte y más determinada y enfocada en convertir eventos negativos en la vida en lecciones positivas aprendidas.

CAPÍTULO 4

De regreso a casa

Al ver el letrero que leía "Farmville 18", ya cerca de los límites de la ciudad, me vinieron muchos recuerdos nostálgicos de mi infancia. Mi familia y yo vivíamos en Virginia, en el pueblito de Meherrin en el Condado Prince Edward. Farmville, aproximadamente 43 kilómetros de Meherrin, era el centro de atención en los años 50 y 60 dado el movimiento por los derechos civiles. Yo, al igual que varios de mis hermanos y hermanastros, asistimos a la primaria Levi Elementary School en Green Bay, que queda ocho kilómetros de Meherrin. Descubrí durante esta visita que la iglesia Levi Baptist Church era propietaria de la escuela, según mi entrevista con el Reverendo Samuel Williams, Jr., quien era presidente de clase en 1951 cuando Barbara Johns inició la huelga para lograr mejores condiciones en la preparatoria R. R. Moton High School. Él también fue uno de los estudiantes que después fue demandante en *Davis v. School Board of Prince Edward County*, Virginia, uno de cinco casos que fueron parte de *Brown v. Board of Education*.

Estaba emocionada por visitar mi vieja escuela mientras estaba en el pueblo, así que llamé antes de llegar a la Srta. Sherrie Atkins, coordinadora de servicios de visitantes del museo R. R. Moton Museum, para tomar el tour del museo y que alguien me llevara a mi vieja escuela para tomar fotos, si es que la escuela estaba parada aún. Después de todo, ya habían pasado 20 años desde la última vez que visité la escuela y alguien me tomó una foto en sus escalones. En aquella visita no pude entrar al edificio. En esta visita, quería entrar para ver la escuela histórica de dos cuartitos que ha sido parte de mi vida y memoria y el catalizador inspirador de la maestra/profesora que hoy día soy.

La Srta. Atkins coordinó que yo conociera y entrevistara al Reverendo Samuel William, Jr., en el museo en cuanto llegara de Maryland a las 2:00 p.m. Reverendo Williams coordinó que se abriera la escuela para que yo pudiera entrar.

En cuanto llegué al museo, miré por el edificio y solo me imaginé la colección de artefactos y la importancia histórica que había dentro. El Moton Museum es un sitio histórico ubicado en Farmville, Virginia. El museo atrae miles de visitantes cada año. Tanto la escuela como el museo se nombraron en honor a Robert Russa Moton, un célebre educador afro-americano y autor del centro de Virginia, quien fue nombrado director de Tuskegee Institute en 1915 tras la muerte del Dr. Booker T. Washington. Robert Russa Moton desempeñó este cargo por 20 años hasta que se retiró. Él escribió varios artículos y libros, uno siendo su autobiografía famosa, *Finding A Way Out, Encontrando una salida*. De hecho, en esta visita conseguí copias del libro para el programa de lectura de verano en La Casa de Tía Hattie.

Entré al edificio y me presenté con la dama sentada detrás del escritorio y pedí ver a la Srta. Sherrie Atkins. Ella levantó la bocina de teléfono y llamó a la señorita. Poco tiempo después apareció s. Con una gran sonrisa se presentó y dijo que era un placer conocerme. Nos dimos un abrazo. Después, llegó un hombre alto con una mano extendida. Le di la mano mientras la Srta. Atkins lo presentaba como Robert "Bob" Hamlin, el profesor adjunto del museo. Ella también mencionó que él también fue uno de los estudiantes involucrados en la huelga de R. R. Moton. Platicamos por un tiempo. El Reverendo Samuel William, Jr., entró unos minutos más tarde y se presentó. Yo estaba encantada de conocerlo. Él es un hombre muy gentil y dinámico, de espíritu noble.

Como la Srta. Atkins estaba trabajando, tuvo que regresar a sus tareas de coordinadora y no pudo venir con nosotros. De manera que el Reverendo Williams y yo caminamos por el bello museo viendo las fotografías de tiempos pasados con Bob Hamlin al frente. Ambos hombres formidables explicaban ciertas peculiaridades que uno no captaría si visitara el museo independientemente. Entre los dos, sus conocimientos de primera mano sobre la huelga no tienen precio; sus anécdotas y reflexiones fueron tan ricas y sinceras.

Después del tour, me llevaron a la iglesia High Bridge Church para ver un *outhouse* o letrina que aún estaba en el bosque. Tenía curiosidad de ver una. Durante mi niñez usé una en casa y también en la primaria Levi Elementary School. En aquellos tiempos las letrinas eran los baños. Esta vieja letrina era una vieja estructura de madera que se inclinaba un poco hacia la izquierda. Me dio risa al verla. No podía imaginarme tener que usar una hoy día. Pero de niña, no tenía opción, hasta que me fui del área de Prince Edward County para Norfolk, Virginia cuando cerraron las escuelas. En Norfolk, ambas Tía Hattie y Tía Sadie tenían baños dentro de sus casas. Hasta el día de hoy, mis hijas no se pueden imaginar que yo tuve que usar una letrina. Les digo que ellas tienen la fortuna de haber nacido en una época donde los baños dentro de la casa es lo común y no algo fuera de lo ordinario.

Después de ver la letrina, el Reverendo Williams me llevó a ver el antiguo hogar de Robert Russa Moton, que ahora es una cabaña de caza. Como me acompañó todo ese fin de semana, tuve la oportunidad de entrevistarlo extensivamente. Él compartió muchas historias y experiencias personales, y su participación e historia con los derechos civiles. Inclusive mencionó haber conocido el padre de mi pastor cuando estaba en Lynchburg, Virginia. Es más, el Reverendo Williams ha logrado un renacimiento en la iglesia de mi papá, Forest Baptist Church, en Meherrin. También indicó que había conocido a mi pastor actual, el Reverendo Haywood A. Robinson, III, cuando era un niño, muy talentoso, por cierto, según el Reverendo. En la entrevista, el Reverendo Williams dijo que la escuela había sido nombrada en honor a Robert Russa Moton en mayor parte por Martha E. Forrester, una líder comunitaria y activista social respetada. Ella nombró la escuela Robert Russa Moton por la reputación impecable de este hombre. De manera que el Reverendo pensó que me gustaría ver la casa de Robert Russa Moton y tomarle foto. Eso fue lo que hicimos.

~

Más tarde esa noche, miembros de mi familia se reunieron en el Hampton Inn para conocerse y platicar y disfrutar de ricas botanas. Ahí, vi a muchos familiares sanguíneos y políticos. Estelle Winkler McCormick, de Maryland, me presentó con los familiares más jóvenes y los nuevos por casamiento.

Mi mejor amiga de la infancia y prima política es Rebecca "Beck" Lee, hoy día Rebecca Lee Randolph. Su padre, Edward Lee, era el hermano del esposo fallecido de mi madrastra con quien tuvo tres hijos. Me dio tanta alegría y emoción verla después de tantos años. Ella es de mi edad y sus hermanas mayor y menor eran de la edad de mis hermanas Jean y Terrie. Me la pasé bien repasando viejos tiempos. Beck se ofreció llevarme a mi antigua casa y a otros lugares familiares del pueblo como casas, carreteras, vías de tren, etc., después de la reunión familiar el sábado. Yo estaba ansiosa por recordar cosas de mis orígenes humildes.

Más tarde, me registré en el Hampton Inn, llamé a mis hijas, desempaqué y me acosté. El sábado por la mañana, el Reverendo Williams se ofreció llevarme al lago Prince Edward Lake, ahora conocido como Twin Lakes State Park. Antes de nuestra reunión a la 1:00 P.M., quería ver donde mi primaria Levi Elementary School celebraba sus excursiones anuales, y también conocer al predicador del servicio de esta reunión del siguiente día. El Reverendo Jerry Streat de la iglesia Poplar Lawn Baptist Church de Blackstone, Virginia y su congregación, habían llegado un día antes y estaban disfrutando la parrillada y el lago hermoso. El Reverendo Streat era un pariente que también era de Prince Edward County y había asistido a la primaria Levi Elementary School. Algunos de sus familiares también fueron a R. R. Moton High School antes de que la cerraran.

Primero, fui al área de picnic donde celebrábamos el picnic anual de la primaria cuando yo era niña. En aquellos tiempos, había como 40 chicos jugando por todo el lago y divirtiéndose. Mi escuela primaria proporcionaba la comida, los bates, las pelotas, las cuerdas y *hula hoops*. Había parrillas para los *hot dogs* y hamburguesas y mesas de picnic largas. Tomé unos pasos hacia el filo del lago y miré mi entorno. El sol resplandecía en el agua. La vista era como un bello cuadro de pintura, y así como lo fue hace 58 años, el área era relajante y perfecta para un picnic. Pareciera que fuese ayer que los negros no podían disfrutar la plenitud de estos bellos paisajes porque había dos secciones del lago Prince Edward Lake, una para los negros y la otra sección –del otro lado del lago– para los blancos.

Más tarde, unos cuantos familiares y yo entramos al edificio de un solo piso que se encontraba a unos diez metros del lago. Un supervisor nos encontró y se presentó como Leonard. Era un hombre caucásico en sus años 50. Tomó su tiempo y nos mostró y explicó las fotos en las paredes de varios trabajadores y lideres comunitarios negros. Miré las fotos, absorbiendo los recuerdos de tiempos que aún corren por el corazón de mi alma. Los recuerdos revividos eran alegres porque me di cuenta de cuánto ha cambiado este lago. No tan solo cambió el nombre, pero ahora el parque está completamente integrado. Una hora después, nos reunimos con el Reverendo Jerry Streat y miembros de su iglesia. La estaban pasando de maravilla, disfrutando todos los platillos caseros imaginables. Yo no quería llenarme antes de mi picnic familiar, así que solo probé unos cuantos platillos. Los platillos que probé estuvieron deliciosos.

Salimos del lago hacia Levi Elementary School y Levi Baptist Church para nuestra gran celebración y reunión de picnic. Vi a tantos familiares y amigos que no veía en casi seis décadas. Vi a una dulce dama que me alisaba el pelo y me ofrecía palabras de aliento cuando yo era niña, Vi a muchos familiares, parientes políticos y viejos amigos. Horas después, la mayoría de la familia e invitados habían hecho un tour de Levi Elementary School. Miré mi entorno y pensé que todo parecía un sueño, y al mismo tiempo celebré los años que pasé en la escuela de dos cuartos. El estar adentro de la escuela me transportó a tantos gratos recuerdos. Habían pasado 58 años desde que pisé la escuela por última vez.

~

Mis últimos días en esta escuela fueron en 1959, cuando pasé a sexto año a fines de ese año. Hubo renovaciones y cambios al edificio, como por ejemplo la terraza donde se sentaba la Sra. Brown ya no es terraza. La convirtieron en una cocina, y las tablas que se usaban para dividir el cuarto en dos salones se eliminaron para hacer el salón uno grande y permanente. Las ventanas altas se hicieron más bajas, y los pizarrones han sido reemplazados con tablas de madera pintadas de blanco. Las grandes ollas, una a cada lado de la escuela, han sido removidas. Los hoyos de las viejas chimeneas de estufa están ahora cubiertos con madera.

Sin embargo, aún así recuerdo: grandes enseñanzas; aprendizaje; enriquecimiento cultural; canciones; actividades de club; grupos de lectura; estudiantes ayudando a estudiantes; escribiendo en la pizarra; tendiendo fogatas en la estufa; calentando nuestro almuerzo en la estufa; oliendo el papel de cera que envolvía nuestros sándwiches; haciendo sopa casera; el recreo; festividades del 1[ero] de mayo;

búsquedas de los huevos de Pascua en el bosque y en el panteón cerca de la iglesia; juegos de pelota; el avión; sonar la campana cuando terminaba el recreo; y los muchachos mayores caminando a la tienda Green Bay a comprar golosinas para las maestras y los estudiantes. El Sr. Johnson siempre pedía que los muchachos le trajeran sardinas, galletas y una soda de Royal Crown RC.

Un fotógrafo profesional y yo tomamos fotos del interior y del exterior de Levi Elementary School. Al tomar las fotos pensé en mis dos nietas, Cameron y Reagan. Personalmente, pienso que capturé la esencia de la escuela. Quería mostrarles a mis nietas la escuela que me impulsó a querer ser una maestra.

Después de la reunión familiar, seguí a Beck de regreso a Meherrin, a unos ocho kilómetros. Manejamos por la carretera donde vivíamos 15 de nosotros en una sola casa; entre hermanos y hermanastros, nos hacíamos bolas en esa casa. Mis años formativos los pasé en esa casa, de los tres a los diez años de edad. Mi mente se transportó al aroma del pollo frito de Mama y sus panes caseros. Recuerdo que llegábamos de la escuela a cambiarnos de ropa y salir a hacer todo lo que hacen los niños: jugar en el patio, subirnos a los árboles, ir a nadar al arroyo. Mis hermanos y yo la pasamos bien de niños.

Beck y yo dimos vuelta en un camino de terracería de la autopista Route 360 Hwy donde antes tomábamos el camión amarillo de la escuela manejado por el Sr. Miller. El Sr. Miller fue un hombre muy alegre que no toleraba malcriadeces de nosotros. Era buena gente, pero si te portabas mal, solo te amenazaba con echarte del camión, pero sí llamaba a tus padres. Y si perdías el camión, el Sr. Miller esperaba solo unos minutos. Si no te veía, se iba. Si perdías el camión era mejor que empezaras a caminar a la escuela porque no había punto en regresar a casa. Beck y yo nos reímos recordando cuántas veces mi hermana Jean y otros de los chicos mayores perdieron el camión. Calculamos la distancia de la parada del camión hasta Levi Elementary School: seis kilómetros. Vaya caminada.

Después manejamos a una calle llamada Mill Creek Road, en

vez de Route 662 que es la que recuerdo. Es más, todas las calles en Prince Edward han sido cambiadas con nombres de las familias que vivieron en esa calle o viven ahí aún. Beck me dijo que individuos le sugirieron al condado nuevos nombres para hacerlos oficiales. También me contó de la primer mujer negra secretaria de juzgado de la corte de circuito en la Corte de Prince Edward County, Machelle J. Epps. Este hecho no tan solo lo compartió Beck, sino también ambos el Reverendo Williams y Bob Hamlin después. Un logro muy orgulloso en esta intima comunidad negra.

Seguimos con nuestro recorrido del pasado y entonces Beck me llevó pasando una casa en la esquina de Mill Creek Road y la calle que daba a mi casa. Había una casa vieja de madera en la esquina. Recuerdo que esta era la casa donde Jack, el perro con lunares, se echaba a esperar a mi hermana que típicamente llegaba tarde a la parada. Sonreí al recordar el miedo que Jean tenía de aquel perro. Jean lo detestaba con pasión.

El Sr. Dawson, un hombre amable y mayor que ya estaba en sus años ochenta cuando yo era niña, vivía en una pequeña casa de madera con lamina. Noté que su casa ya no estaba ahí. Beck me dijo que su casa la demolieron y construyeron una nueva casa hace un año y medio. Minutos después salió un hombre negro de edad media a sentarse en su porche y nos observó tomando fotos y platicando. Beck señaló con su cabeza y dijo:

—Esa es la persona que vive allí ahora.

Le sonreí al señor y le expliqué por qué estaba tomando fotos del letrero de la calle de su esquina. Me sonrió y me deseó mucho éxito.

Antes de que cayera la noche, las dos manejamos por la calle que daba a mi vieja casa, pero solo hasta cierto punto, dada la erosión y lo disparejo del camino. Así que ambas paramos el carro en el crucero, ante el camino a la derecha que nos regresaba a mi casa y el camino de la izquierda que nos llevaba por otro lado en frente de la casa. Salimos de nuestros carros y caminamos el resto del camino hasta donde estaba mi casa. Yo estaba muy emocionada recordando, mientras Beck y yo hablábamos por el camino frondoso hacia mi casa.

De repente, me sentí muy emocional de que mi casa ya no estuviera ahí; se me llenaron los ojos de lágrimas. Sentí como si no hubiese evidencia de mi memoria y de los momentos felices que disfruté limpiando el patio de niña. Después de todo, han pasado más de 55 años. Otra casa había sido construida en el lote y había también una caravana. A pesar de mi desilusión, tomé fotos del lugar y traté de deducir dónde habían estado el cobertizo, el gallinero, el ahumadero, la letrina, donde se guardaban las camionetas y otros espacios bien marcados de tiempos pasados. De repente se abrieron mis ojos más grandes, ¡ahí está! Logré encontrar el pozo cubierto. Después de localizar el pozo mi perspectiva se aclaró y pude imaginar dónde estaban todas las estructuras en base de dónde estaba el pozo.

Después de unos minutos de solo estar parada ahí, absorta en recuerdos, Beck y yo hablamos de cómo su mamá caminaba por esta misma carretera, durante muchos días, para visitar nuestra casa. Su mamá venía a visitar a mi madrastra y mientras ellas platicaban, Beck y yo salíamos a jugar en el bosque juegos como las escondidas y el avión. Nos reímos cuando platicamos de Tía Mary, a quien llamábamos de cariño "Gorda Mary" a sus espaldas porque estaba llenita. Tía Mary era una querida pariente de mi madrastra y se reunía con mi madrastra y la mamá de Beck para cocer colchas.

Beck y yo recordamos el almidón que nuestras hermanas mayores usaban para planchar sus fondos de *Can-Can* y así esponjaran sus faldas al caminar y acentuaran los cinturones anchos que apretaban sus cinturas. Siendo las hermanas menores, siempre admirábamos a nuestras hermanas mayores y queríamos ser como ellas.

Después, regresamos de camino a nuestros carros. De camino buscamos marcadores principales para ver si podíamos identificar dónde había estado mi casa. Tratamos de imaginarnos el patio de enfrente y el seto al filo del patio, no lejos del camino que te llevaba por en frente de la casa y hacia la casa de Abuela Turner. Abuela Turner era pariente de mi madrastra y su casa quedaba a un kilómetro de nuestra casa.

Traté de localizar dónde estaba el tráiler donde mi padre cargaba las camionetas, pero no había señal de éste, ni por el bosque ni cerca. Caminamos por el bosque pensando que lo veríamos. Pensamos que tal vez los nuevos dueños lo habían tirado, al igual que todas las otras estructuras.

A unos metros de nuestros carros, paramos a recordar cuando nuestras madres hablaban sobre temas más serios como la integración y la huelga de R. R. Moton, y cómo el NAACP y otros jugaron un papel esencial en abolir la segregación. Recordamos aquellas reuniones y pláticas en aquel entonces también, aunque éramos demasiado jóvenes para entender lo que estaba pasando y el impacto que tendría en la historia y en nuestras vidas años después.

Rebecca y yo caminamos a nuestros carros. Subimos y nos fuimos en reversa hacia la esquina de Mill Creek Road. Paramos, nos bajamos de nuestros carros y tomamos otra foto del letrero que ahora leía Mill Creek Road. Chisteando, le dije:

—Si mi papá hubiera estado vivo cuando cambiaron los nombres de las calles, nuestra calle probablemente se hubiera llamado "Neal Creek", en honor a mi padre Samuel Neal.

Beck dio una carcajada.

Después de manejar una hora, Beck nos dirigió a Baileys Road. Señaló donde vivía el alguacil ahora, una hombre afro-americano llamado Stokes. Ella sonrió al decirme que la mayoría de la gente en el pueblo se sentía contenta y orgullosa de tenerlo como alguacil, especialmente dada la historia de racismo y segregación en este país.

Mientras continuábamos con el tour, noté una casa con un montón de leña en su terraza. Le tomé una foto a la casa porque me recordó vívidamente de nuestra casa y los montones de leña que mis hermanos mayores cortaban para calentar la casa. Mama también necesitaba leña para cocinar nuestras comidas. Recuerdo en aquel entonces, teníamos siete montones nítidos de leña afuera en diferentes puntos de nuestra propiedad y pares de montones bajo la casa. Había montones de leña adentro de la casa también: un montón en la cocina cerca de la estufa, uno en el pasillo cerca del calentador que calentaba la planta de arriba, y un montón en el cuarto de mis papás.

El cuarto de mis papás es donde nos reuníamos alrededor de la gran olla en las noches y jugábamos juegos creativos durante los meses de invierno. Papi o Mama mandaba leña a nuestra escuela para que la gran olla ahí calentara los dos salones de clase. Ya que mi papá tenía un negocio de madera, una vez al año entregaba a la escuela un camión lleno de leña, y los muchachos grandes la amontonaban nítidamente, en montones para los sitios dentro y fuera del edificio.

Después de salir de Baileys Road, le dije a Rebecca que quería hacer un tour de Campbell, una pequeña comunidad nombrada en honor a una prominente familia. Al manejar por Campbell, varias casas grandes estaban sobre esa calle que había sido renombrada Campbell Crossing Road. Vimos las vías de tren y nos recordamos de las dos vías, una que iba al norte y la otra al sur. Recuerdo que de niños oíamos el tren venir y lo podíamos ver a lo lejos; no había en aquel entonces una barra y un alto que impidiera cruzar las vías. Antes, solo tenías que parar, mirar y escuchar antes de cruzar.

~

Después Beck y yo manejamos unos kilómetros por Highway 360 para ver la tienda en la que mis hermanos y chicos mayores nos compraban golosinas a los estudiantes menores y a los maestros. La tienda es ahora un edificio vacío. Después de tomarle la foto a la vieja tienda, Beck y yo caminamos en frente de ella, platicando y recordando los divertido que la pasamos de niñas. Este fue un momento emocional y pleno que pareció tocar lo profundo de mi alma de manera fugaz pero también eterna a la vez. Después de casi 56 años que salí de la seguridad de este pueblo íntimo en donde todos conocen a todos y todos se sienten como familia, me sentía triste, sintiendo que ésta era la última vez caminando por mi vida pasada en las huellas de mi niñez. Estas huellas contenían tantos recuerdos gratos de tiempos más inocentes, antes de que entendiéramos el impacto del caso transcendental de abolir la segregación en nuestras vidas y futuros.

Después de calmar nuestras emociones un poco, nos dimos un abrazo y nos despedimos, alegres de volver a vernos al día siguiente en la iglesia para el servicio de reunión. Manejé de regreso a Hampton Inn en Farmville. El Reverendo Williams estuvo conmigo gran parte del tour y ofreció historias y anécdotas adicionales. En camino a su carro, él compartió más historia de la comunidad y de varias personas notables de la comunidad por su participación en la huelga de R. R. Moton que llegó a ser un caso de derechos civiles. Me contó que él era pastor de Levi Baptist Church y después se fue a ser pastor de otra iglesia en el sur. Después, regresó a Levi Baptist Church para ser pastor nuevamente. Confesó que regresar a Levi Baptist Church era como regresar a casa; porque aquí fue donde estuvo en el tiempo de la huelga. Él también participó en los casos como demandante. Completamente disfruté mi tiempo con él y entrevistarlo. Tras obtener tanta información rica y útil de tanto Beck como del tour con el Reverendo Williams, me estaba sintiendo energizada y nostálgica y un poco cansada del largo día. Regresé al hotel a escribir notas, llamar a mis hijas e hijos acogidos y prepararme para el servicio de reunión en Levi Baptist Church el día siguiente.

~

La mañana siguiente, llegué temprano a la iglesia y me recibieron varios familiares y otras personas que son como si fuesen familiares y que reconocí. En aquel entonces, los llamábamos "tías" y "tíos", sin saber que no eran familiares de sangre. Había varias conmemoraciones en las ventanas de la iglesia para familias donantes para las renovaciones de la iglesia, como el nuevo comedor. Este bello comedor permitía que los miembros tuvieran sus parrilladas y picnics en una gran área abierta y acondicionada. Antes de las renovaciones, la iglesia tenía sus reuniones anuales bajo la sombra de los arboles en la parte de atrás de la iglesia.

Un ujier amistoso me ofreció un programa. Lo miré y me conmovió. El programa de reunión en sí era extensivo y tenía en la portada una bella iglesia que se parecía a la vieja iglesia antes de la renovación. Le tomé fotos a la portada del programa al igual que a su contenido para conmemorar esta maravillosa reunión familiar de regreso a casa.

La Reverenda Barbara Reed abrió la parte de alabar y adorar del servicio. El servicio de alabar y adorar fue conmovedor, sincero e inspirador, especialmente cuando un hombre gentil llamado Herbert Lee dio testimonio sobre la importancia de la familia, los recuerdos y los amigos. Fue muy conmovedor y poderoso cuando habló del significado verdadero de la familia. Al final de su testimonio, se inclinó en el micrófono y dijo:

—¡Es una bendición tener a una familia tan maravillosa!

Todos en la iglesia nos pusimos de pie y le dimos una ovación de aplausos. Miré el entorno de la iglesia repleta. Sentí la misma emoción de cuando es Navidad, cuando ves a familiares regresar a casa de diferentes partes del país, unidos con los miembros de la comunidad.

Después de dar gracias y alabanzas, el Reverendo Williams nos dio la bienvenida a todos y presentó al pastor para el servicio de reunión, el Reverendo Jerry Streat de la iglesia Poplar Lawn Baptist Church, en Blackstone, Virginia. Él era el reverendo que vi el día anterior disfrutando el picnic en el lago con miembros de su iglesia. Fue bonito volverlo a ver después de tantos años.

Cuando predicó el Reverendo Streat, fue con tanta inspiración y entusiasmo; simplemente fue un gran hombre de Dios. Fue grato escucharlo y saber que Dios está operando en su vida. No solo estuvo fenomenal su sermón, pero también su coro estuvo fenomenal al cantar canciones que nos movieron espiritualmente. El joven que estaba tocando la batería era muy talentoso. Había un hombre mayor en el cuarteto que tenía cierto aire espiritual. Me recordó a mi primo Lorenzo, que cantó en un cuarteto conocido como The Silver Trumpeteers hace años. Después estaba el pianista, el director del coro y el coro. Todos estaban sincronizados mientras juntos armonizaban y expresaban su amor por Dios. No hubo ojo seco en esta iglesia movida que te sacudía el alma sobre la calle Levi Road.

Tras el sermón cautivador del Reverendo Streat, el Reverendo Williams me llamó a mí para decir unas palabras. Él les comentó a todos que yo había asistido a la escuela de dos cuartos, y que estaba escribiendo un libro.

Subí al podio y al abrir mi boca para hablar, sentí gran emoción. Vi una vista maravillosa: las tantas caras de mi familia y de mis amistades. Después de controlar mis emociones, pausé unos segundos y les dije que quería tanto que ellos pudieran ver lo que veía yo desde donde estaba parada, es decir, una bella familia. Les di las gracias a todos por venir, felicité a los comités de planificación por un gran picnic el día anterior; y expresé mi orgullo en conservar la primaria Levi Elementary School, además de renovar la hermosa iglesia. Animé a los jóvenes a ser todo lo que ellos quieran ser y a compartir la rica historia de esta parte del mundo. Les dije que éramos parte de un fenómeno nacional: *Brown v. Board of Education;* y el caso histórico es parte del legado de Prince Edward County. Los animé también a apreciar nuestras familias, aquí en esta misma iglesia, a lideres de la comunidad y a descendientes de la época de los derechos civiles que ocurrió aquí mismo en nuestro condado y que tuvo impacto nacional.

Les dije que yo tenía miedo de que la próxima generación de jóvenes no supiera de los retos por los que pasaron nuestros padres y antepasados o de los sacrificios que han hecho. Así que los invité a todos a llevar a sus nietos y familiares a visitar el museo R. R. Moton Museum para aprender nuestra historia y el impacto en el mundo, al igual que ayudar al museo con donaciones para que nuestra historia y legado sobreviva las generaciones. También reté a los miembros familiares y de la iglesia a hacer la escuela Levi Elementary School un sitio histórico. Les dije que ya no quedan tantas escuelas de uno y dos cuartos. Enfaticé lo crucial que es preservar Levi Elementary School, además de Moton Museum, porque si no, podemos perder una generación de jóvenes que no entiendan cómo una escuela de dos cuartos jugó un papel tan importante en la historia.

Después de mi discurso, todo mundo aplaudió. Les di las gracias y regresé a mi asiento. Me sentía llena de alegría y amor. No podía dejar de llorar. Discretamente me limpié las lágrimas. El coro maravilloso cantó otra canción emotiva que también me llegó al corazón. Aún después del servicio, escuchaba la canción en mi mente. Después de una comida deliciosa en el nuevo y bello comedor, nos despedimos y nos abrazamos y besamos repetidamente. Prometimos seguir regresando a estas reuniones. Yo repartí mis tarjetas de presentación y folletos y obtuve correos electrónicos y números de teléfono de varias personas. Felicité a los coordinadores de la reunión por una reunión estelar. Las dos señoras me sonrieron y me dieron las gracias por venir.

Beck y yo fuimos a visitar a mi primo, Linwood Johns y a su esposa, Sylvia, por este terreno dificultoso hasta encontrar bellos hogares. Conocí a Dan, otro alguacil, que está casado con la sobrina de Linwood.

Después, el sol cayó sobre el horizonte. Beck y yo pensamos que sería mejor comenzar el viaje de regreso con la luz del día ya que sería mucho más difícil hacerlo de noche. Nos despedimos y confirmamos nuestro plan de encontrarnos en el Moton Museum al día siguiente, ya que quería que ellos conocieran este museo impresionante e inolvidable. Después de salir a la carretera, Beck dobló a la izquierda de regreso a Meherrin, y yo doblé a la derecha hacia Keysville. Linwood y Dan me dijeron que tomara esa ruta de regreso a Farmville porque tenía más semáforos y había menos probabilidad de chocar con un venado en el camino.

Programé la dirección en mi GPS y aproximadamente 30 minutos después estaba de regreso en mi hotel. Antes de acostarme miré los libros y otros materiales que había comprado en el museo. Tanta historia dentro de cada libro. Compartiría estos libros con mis nietas e hijos acogidos cuando los viera. Yo creo que jóvenes americanos negros deben saber que no siempre ha sido fácil para gente negra en los Estados Unidos. Las escuelas eran muy diferentes cuando yo tenía su edad. Aunque muchas cosas han cambiado, muchos activistas de derechos civiles sacrificaron sus vidas por lograr un mañana mejor.

El día siguiente, pasé gran parte de la mañana en la corte de Farmville para investigar una propiedad que era de mi padre y ver si los impuestos se habían pagado y por quién. Había recibido copias de las varias transacciones de la propiedad de mi padre los últimos treinta años. Las señoras de la oficina fueron de lo más amable y muy acomedidas. Una de las señoras se interesó mucho en la parte de mi historia conectada al cierre de escuelas de 1959. Inclusive, ofreció mandarme más materiales de investigación para mi libro cuando regresara a Maryland.

Aquella mañana me encontré en el museo con Linwood, Sylvia y su hijo, Donovan. Cuando llegué ya habían visto la película de Barbara Johns. Sherrie Atkins, la coordinadora del museo estaba libre los lunes, pero agendó que Shirley Eanes y Brenda, dos guías, nos dieran un tour del museo. Ellas fueron instrumentales en coordinar una reunión con Joy Cabarrus Speakes, una de las huelguistas originales de R. R. Moton. El plan era reunirnos con ella en Applebee's, donde cenaríamos más tarde. El Reverendo Williams llegó al museo poco después. Dimos el tour con Sylvia, Linwood, y su hijo. Sylvia y Linwood se sorprendieron del impacto que su pariente, Barbara Johns, tuvo en la comunidad. Ellos no sabían que el museo contenía tanta historia acerca de sus familiares, Vernon y Barbara Johns.

A eso de las 2:00 p.m. nos reunimos todos en Applebee's donde Joy Cabarrus Speakes y algunas amistades ya estaban sentadas. Yo estaba entusiasmada de conocerla. Ella habló de algunas de sus experiencias con la huelga de 1951. Yo sabía que quería entrevistarla más extensivamente antes de irme e hicimos planes de hacerlo ya sea más tarde esa noche o a la mañana siguiente. Nos contó de la tumba de Barbara Johns en la iglesia Triumph Baptist Church en Darlington Heights, a casi 13 kilómetros de donde estábamos. También mencionó que había un marcador en la carretera de Vernon Johns a un kilometro de la carretera de la iglesia para conmemorar y rendir tributo a su contribución histórica a esta comunidad.

Ya que no quería perder la oportunidad de ver estos marcadores históricos, el Reverendo Williams acordó llevarnos a estos sitios. Después de almorzar, manejamos a Triumph Baptist Church. Tomamos fotos de la iglesia y visitamos la tumba de Barbara Johns. Tomé fotos de su lápida y de otras más con apellidos familiares como Gaines, Watson, Holcomb y Stoke.

Se me salieron las lágrimas. A causa de personas como Barbara Johns, las puertas se abrieron para estadounidenses negros. Ella fue muy vocal en su oposición y valió la pena. Ella es muy respetada en Prince Edward County y a lo largo del país.

Después, pasamos al marcador de Vernon que también estaba en Darlington Heights. Tomé fotos del marcador, al igual que de Linwood y su familia a su lado. El marcador fue en honor al trabajo de Vernon John con el NAACP; él trabajó duro en la lucha por abolir la segregación en las escuelas.

Al irnos de las tumbas, me despedí de Sylvia, Linwood y Donovan. Los tres se regresaban a Meherrin. El Reverendo Williams y yo regresamos al museo para visitarlo una vez más. Después llamé a Joy Cabarrus Speakes y le pregunté si la podía entrevistar el martes por la mañana. Ella acordó con gusto.

Al día siguiente, martes, 22 de julio, me reuní con Joy para entrevistarla. Mientras hablábamos, ella pensó que también sería buena idea conocer y entrevistar a Edwilda Allen, otra huelguista original de 1951. Le dije que sería un honor. Así que llamó a Edwilda que acordó venir y que vivía al otro lado de la calle del museo.

Fue notable tener la oportunidad de entrevistar estos íconos que son parte de la historia de Prince Edward County, que dio lugar a *Brown v. Board of Education*. Lo que unía a todos los huelguistas con quien hablé fue un sentimiento de haber sido completamente transformados por sus experiencias que los llevaron a convertirse en educadores y en voceros del movimiento por los derechos civiles.

Entrevista con Joy Cabarrus Speakes –huelguista original; Demandante de Davis v. School Board of Prince Edward County, VA *y directora de desarrollo de Moton Family Challenge– en The Robert Russa Moton Museum, 22 de julio de 2014.*

www.*motonmuseum*.org

Hattie: Soy Hattie Washington y hoy es martes, 22 de julio de 2014. Estoy aquí en el Museo R. R. Moton. Soy muy afortunada de tener conmigo a Joy Cabarrus Speakes, quien es una de los huelguistas originales de 1951 en R. R. Moton High School en Farmville, Virginia. Gracias por tomarse el tiempo para esta entrevista. Primero, ¿puede compartir conmigo quién es usted y qué hacía en 1951 para convertirse en una de los huelguistas?

Joy: Buenos días y gracias, Dra. Washington por darme esta oportunidad. Yo asistí a la Escuela Preparatoria R. R. Moton de 1951 a 1955 y era una estudiante de primer año cuando ocurrió la huelga el 23 de abril de 1951. Yo fui una de más de 400 estudiantes que salimos de nuestras clases ese día.

Asistíamos a la escuela negra, R. R. Moton High School, una preparatoria construida en 1939 por Martha E. Forrester, con una capacidad para 180 estudiantes. Hoy día, la escuela es el Museo Moton, un sitio histórico. Estamos sentadas en lo que era el auditorio, que ahora es la Galería 1 del museo.

En el momento en que nos fuimos a la huelga, más de 400 estudiantes asistían a la escuela. Asistíamos a clases bajo condiciones inferiores y en salones de cartón con chapopote que habían construido. Las chozas de cartón con chapopote eran calentadas por estufas con leña. Algunos estudiantes no se quitaban sus abrigos en el invierno porque hacía tanto frío; otros, que se sentaban cerca de la estufa, se tenían que quitar el abrigo porque hacía tanto calor. Los techos goteaban y usábamos una sombrilla cuando llovía. En el auditorio había maestras de ambos lados dando sus clases. No teníamos una cafetería o un gimnasio y la clase de biología solo tenia un equipo.

Examinamos y diseccionamos las ranas lo mejor que podíamos. La escuela blanca (Farmville High School) que quedaba a unas cuadras tenía una cafetería, un salón para los maestros, un gimnasio, un laboratorio y un campo atlético. Ellos tenían todos estos servicios y nosotros ninguno. Nuestros padres asistían repetidamente a las reuniones de PTA (*Parent Teacher Association*, Asociación de Padres y Maestros) y repetidamente exigían mejores condiciones: una nueva escuela; y cada vez se les negó.

Hattie: ¿A quién le exigían?

Joy: Le exigieron a Mr. McIlwaine, el superintendente de escuelas, a la junta escolar, y a la Junta de Supervisores los fondos para obtener una mejor escuela. Eso no fue lo que sucedió. Teníamos camiones escolares de segunda mano y a veces salíamos temprano de la escuela por que hacían falta camiones escolares.

En un momento, Barbara, habló con su maestra de música, la Sra. Davenport, y le expresó su frustración y que no estaba satisfecha con las condiciones que tenía que sufrir para obtener una educación.

La Sra. Davenport le dijo a Barbara, "Vamos a hacer algo". En aquel entonces, Barbara pensó que la Sra. Davenport solo le había dicho eso por decírselo. Lo que quiso decir la Sra. Davenport es que si uno quería mejorar las condiciones entonces uno tenía que hacer algo.

Nuestras maestras, a pesar de las condiciones bajo las que tenían que enseñar, eran excelentes maestras. Dieron más del cien por ciento por darnos una buena educación. Nos preguntaban, "¿A qué universidad vas a ir? ¿Qué quieres ser?" Ellas esperaban que fuéramos a la universidad.

Nuestros padres eran disciplinarios, y también nuestras maestras y nuestro director, Boyd Jones. Ellos querían que estuviéramos bien preparados para el futuro. Barbara decidió hacer algo sobre las condiciones. Secretamente, ella formó un comité, nadie sabía excepto las personas en quien ella confiaba y había invitado al comité para preparar la huelga.

Un mes antes de la huelga, hubo un accidente de autobús en Prospect Place, Virginia, en un lugar llamado Elam, en el que murieron cinco estudiantes. Uno de los estudiantes accidentados mortalmente fue la mejor amiga de Barbara. Eso la alentó aún más para hacer algo. Eso sucedió en marzo de 1951, y nos fuimos a la huelga el 23 de abril de 1951.

Hattie: ¿Qué año cursaba en aquel entonces?

Joy: Barbara estaba en segundo año de preparatoria.

Hattie: ¿Noveno grado?

Joy: No, onceavo. Yo cursaba octavo grado cuando nos fuimos a la huelga.

Hattie: ¿R. R. Moton iba de octavo a doceavo grado? ¿Y ella cursaba onceavo?

Joy: Sí. El 23 de abril fuimos a la escuela como normal. No sabíamos que Barbara había organizado una huelga para ese día y dirigido a alguien a que alejara al director de la escuela.

Hattie: ¿El director en aquel entonces era Sr. Boyd Jones?

Joy: Sí, Sr. Boyd Jones era el director y Barbara y John Watson salen de la escuela para llamar a Sr. Jones.

Hattie: ¿Y cuál era la posición de él? ¿Era estudiante?

Joy: Sí, él también era estudiante, y fue miembro del comité que planeó todo. John hizo la llamada, pretendiendo ser un comerciante de Farmville diciendo que había estudiantes en la estación de tren causando problema y que necesitaba ir inmediatamente.

Sr. Jones fue porque no quería ni uno de sus estudiantes causando problemas en Farmville. Otros estudiantes tenían puestos a lo largo del camino, de manera que se corrió la voz de que se había hecho la llamada y que la costa estaba clara, el director Jones había salido de la escuela. Cuando salió, Barbara mandó notas firmadas con las iniciales BJ a todas las maestras pidiéndoles que fueran al auditorio. Barbara Johns y el director Boyd Jones, tenían las mismas iniciales, así que las maestras automáticamente pensaron que el director las había convocado al auditorio.

Cuando llegamos al auditorio y las cortinas estaban recorridas, no estaba el director. Era Barbara quien estaba sobre el escenario. Esto fue una sorpresa para todos. Barbara les pidió a todos los maestros que se retiraran. Una que otra maestra que no quería irse tuvo que ser escoltada fuera.

Hattie: ¿Escoltados por quién? ¿Los estudiantes?

Joy: Sí.

Hattie: ¿Tuvieron que escoltarlos fuera?

Joy: Así es, Barbara quería que se fueran para que no se vieran involucrados. Ella les dijo que podían perder su trabajo y no querían que el condado las culpara de influenciar a los estudiantes de ir a la huelga. Después de que se fueron todos los maestros, ella dio un discurso muy emotivo.

Yo estaba sentada ahí [apuntando con el dedo al lugar en el Museo R. R. Moton donde estaba el auditorio originalmente] y su hermana Joan, estaba sentada tres hileras delante de mí. Cada vez que Barbara decía algo, Joan se resbalaba más y más en su asiento [dice sonriendo] porque temía lo que su hermana fuera a decir.

Su discurso fue alentador. Barbara era una de esas personas que cuando hablaba uno escuchaba. Ella te inspiraba a hacer lo que tenías que hacer. Viéndola día a día, uno no pensaría que ella tenía esa chispa, pero su hermano decía que en casa ella lo mandaba. Barbara era la mayor, su madre trabajaba en DC [Washington] y ella cuidaba a sus hermanos.

El discurso de Barbara concluyó con todos los estudiantes saliendo del auditorio para irse a la huelga. Algunos nos regresamos a casa cuando salimos del edificio, y otros fueron al centro del pueblo, frente a la corte y a la oficina del Sr. McIlWaine. Barbara y Carrie Stokes escribieron cartas a NAACP pidiéndoles que vinieran a Farmville a ayudarnos. Oliver Hill y Spotswood Robinson vinieron a Farmville y el resto es historia. Nosotros, con otros cuatro estados [Washington, DC; South Carolina; Delaware; y Topeka, Kansas] nos convertimos en parte de la decisión precedente *Brown v. Board of Education,* el 17 de mayo de 1954.

Poco tiempo después de la huelga, mandaron a Barbara a Montgomery, Alabama a vivir con su tío, Vernon Johns, porque temían por su vida; temían que la lastimarían o matarían. Barbara murió en 1991.

Hattie: Muchas gracias, Joy, por compartir su conocimiento y su experiencia de primera mano para mi libro. Su entrevista ha sido tan informativa y memorable, ha sido un honor poder entrevistar un icono y una huelguista original de 1951. Gracias.

Joy: Es mi placer, la verdad. Disfruto compartir la rica historia de Farmville y Prince Edward County que también contribuyó a la historia nacional en el caso precedente *Brown v Board of Education,* Topeka Kansas. El caso *Davis v. School Board Prince Edward County,* VA fue el único caso liderado por estudiantes, en el que yo fui demandante; y más de 70% de los demandantes del caso *Brown v. Board of Education* eran de Farmville.

Hattie: Eso es notable, de verdad. Gracias, nuevamente.

Entrevista con Edwilda Allen –una huelguista original de la huelga de R. R. Moton High School en 1951– en el museo R. R. Moton en Farmville, VA; 22 de julio de 2014

Hattie: Soy Hattie Washington. Es 22 de julio de 2014, y estamos hablando con la famosa Edwilda Allen, una de las huelguistas originales de 1951. Muchas gracias por venir. Esto es hermoso, y no le voy a quitar mucho tiempo. Cuénteme un poco acerca de su recolección y pensamientos sobre la huelga y su participación.

Edwilda: Bueno, la hermana de Barbara, Joan, y yo cursábamos el mismo grado. Y ella tenía un año menos que el resto de nosotros. A veces, en esos tiempos, si tenías muchos hijos, se sacaba el último adelante.

Hattie: Yo fui uno de esos niños, porque no podía ir a la escuela hasta que cumpliera los siete ya que mi cumpleaños es en octubre. Así que fui a la escuela con chicos menores que yo.

Edwilda: Aún no establecían esa regla. Pero ella era menor que yo por un año y estaba llorando. Yo simplemente decidí que yo era grande y la cuidé. Ella se ríe ahora y me dice, "Tú estabas en primer año y yo iba en primer año" (porque no teníamos kínder). Yo solo le dije, "Hola niñita, ¿qué te pasa?" Y así nos hicimos amigas.

Ella vivía en un área rural y mantuvimos nuestra amistad a pesar de la distancia, ya que si había un baile en la escuela o alguna actividad ella se quedaba conmigo para que pudiera ir al baile o a las otras actividades. Y cuando nos graduamos, salimos al mundo. Yo me alistaba para casarme y dije que quería que Joan estuviera en mi boda. Ella me regresó la llamada y me dijo, "Yo me caso el mismo día". Así que ella no pudo estar en mi boda ni yo en la de ella. Hemos sido amigas desde entonces.

Hattie: ¿Dónde está ahora?

Edwilda: Ella está en Nueva Jersey, en East Orange, creo. Porque muchos con los que fui a la escuela se mudaron para allá. Ya sea para Nueva Jersey o Baltimore.

Hattie: Pero en 1951, cuando Barbara organizó la huelga, ¿cómo estuvo usted involucrada?

Edwilda: Bueno, ella necesitaba quien informara a los estudiantes de lo que pasaba y les dijera que no le dijeran nada a sus padres. ¡Eso fue lo más grande! Y ella me conocía, así que me seleccionó para decirles a los de octavo grado lo que estaba pasando.

Hattie: ¿Y qué les dijo?

Edwilda: Les dije que iba a sonar la campana y que se levantaran para salir del salón de clase, y que si la maestra les decía que regresaran que siguieran caminando. ¡Eso fue lo más grande! Ser desobediente no se escuchaba en aquel tiempo. Mi madre trabajó en el distrito escolar y era lo que se llamaba una supervisora Jeanes. Lo que hacía era visitar escuelas y ver qué necesitaban y cómo organizarlas.

Hattie: ¿Ella llegó a visitar Levi, la escuela de dos cuartos?

Edwilda: Estoy segura que sí. Pero cuando comenzó el *walkout*, la huelga, ellos [los administradores del distrito escolar] trataron de averiguar quién la había comenzado. Y cuando se enteraron de que yo estaba involucrada [en la huelga], ella perdió su trabajo. Realmente no sé lo que pasó, pero recuerdo que no podía enseñar en el Estado de Virginia; así que se fue a Carolina del Norte y consiguió trabajo. Ella regresaba a casa los viernes y se regresaba a Carolina del Norte los domingos. Yo estaba en la universidad cuando ella consiguió trabajo nuevamente en Virginia. Yo fui a la escuela en Wisconsin y a trabajar a Nueva York. Después me casé y me mudé a California y no regresé para acá hasta como por 1988.

Hattie: Y ¿por qué regresó [a Farmville]?

Edwilda: Regresé para traer a mi hija a Longwood College. Mi hermana enseñaba en Longwood.

Hattie: ¿Aún enseña allí?

Edwilda: No, ya se retiró. Ella regresó [a Farmville], y mi hija no quiso estudiar [la universidad] en California. No sé porque, pero mi hermana me dijo que se podía quedar con ella, que estaría bien. Así que regresé para traerla (mi hermana es una veterinaria) y tuvimos que viajar con una perra. Habíamos estado en el aeropuerto por que estábamos supuestas volar hasta aquí, pero encontramos un perro medio muerto en su jaula en el aeropuerto. Y ella me dijo, "Mamá, no me lo puedo llevar así en el avión".
Yo le contesté, "Bueno, lo enjuago con la manguera y manejamos de regreso". Y eso fue lo que hicimos. Creo que eran las 12:30 P.M. cuando llegamos a casa de mi mamá [en Farmville], y el carro simplemente se paró. No pudimos encenderlo más. Así es como fui a dar aquí de nuevo. Aún conocía algunas personas aquí que me preguntaron si necesitaba trabajo. Yo les dije, "Sí, necesito un trabajo". Y comencé enseñando en la preparatoria Prince Edward High School.

Hattie: ¿En 1988? ¿Escuela primaria, secundaria o preparatoria?

Edwilda: Bueno, la verdad es que estudié música e iba yo a enseñar en las tres escuelas. Y después se enteraron que sabía de otras cosas además de música, así que me mandaron a todas partes.

Hattie: ¿Trataron de usar todas sus habilidades?

Edwilda: Sí, también hablo español, porque ya sabes, en Los Ángeles hay muchos que hablan español.

Hattie: Y ¿cómo se conectó con la música aquí?

Edwilda: Bueno, mi padre insistió en que tocáramos. Comenzamos a tomar clases desde los seis años. Teníamos un piano, y él estaba determinado en que íbamos a tocar. Su mamá tocó el piano. Así que no teníamos opción. Eventualmente sobrepasamos a los maestros negros. Mi papi era bueno para tocar "Step-in Fetchit", y se fue a Longwood para ver si alguien les daba oportunidad a dos niñas negras. Lo que hicimos fue entrar por la ventana a su estudio. Y Papi se quedó afuera para vigilar y cerciorarse de que nadie nos viera.

Eventualmente se dieron cuenta de que estábamos tomando clases ahí y amenazaron al maestro, así que después tuvo que ir a nuestra casa. Él fue quien nos mantuvo enfocadas. Ya que me encantaba tanto la música no podía decidir a qué universidad quería asistir porque también quería ser doctor. Pero no quería abandonar mi música. Mi mamá hizo un poco de investigación y aprendió sobre la terapia de música donde se trabaja con personas discapacitadas mental o físicamente.

En aquel entonces, solo había tres universidades en el país que ofrecían programas de terapia de música. Estaba Boston Conservatory, College of Pacific and Averno en Milwaukee que es donde fui por que era el más cerca. A mi papi no le gustaba mucho porque era una escuela católica y él pensaba que me iba a convertir en monja. En la escuela católica solo había seis niñas negras, y yo era la única estudiante no-católica de la escuela. Como estaba yo en música, cantaba en el coro y aprendí a tocar todos los instrumentos.

Hattie: Cuénteme sobre la situación de los camiones de escuela y cómo llegaba a la escuela.

Edwilda: Los niños que vivían en las áreas rurales tomaban el camión a la escuela; pero los niños negros que vivían en el pueblo caminaban a la escuela negra del pueblo. Cuando llegaban al octavo grado, todos los niños negros tenían que venir a Farmville a asistir a la única preparatoria negra del condado, donde se cursaba del octavo al doceavo año. Había cinco preparatorias en el condado para los jóvenes blancos. Cuando la Junta de supervisores decidió cerrar las escuelas públicas, el Sr. Fuqua donó dinero para construir cinco escuelas preparatorias privadas para jóvenes blancos –una escuela por cada cinco distritos magistrales.

Hattie: Sí, nosotros fuimos a Green Bay. El Sr. Miller era nuestro conductor de camión de escuela. [Después de recogernos en el crucero, subía por la carretera 360 para recoger a los Winkler y a los Booker. No sé cómo regresaba hasta aquí de regreso en la escuela Levi en Green Bay]. Pienso que había una calle que regresaba [Lutheran] porque no recuerdo que regresara por el mismo camino [la 360] para llegar de nuevo a Levi. Pero si perdías el camión, caminabas a la escuela por la Campbell, ahora conocida como Campbell Crossing.

¿Se acuerda usted de "Beck" [de Rebecca] Lee? Ella me llevó por Campbell Crossing el domingo [20 de julio de 2014] después de la iglesia. Yo viví ahí de los tres a los doce años. Después mi padre nos mandó a los cuatro –mi hermano y dos hermanas biológicos– a Norfolk. Y él se quedó aquí un buen tiempo más, ya que se casó con Hilda Lee [Neal], y ella tenía seis hijos ya, tres Bailey y tres Lee. El apellido de mi padre era Neal [Samuel Neal, Jr.] Después, ellos ya habían tenido cinco hijos cuando yo ya tenía doce años y tenía que irme de Norfolk.

Edwilda, ¿qué le gustaría que la gente supiera de su experiencia con la huelga y con todo el movimiento por los derechos civiles de aquel entonces, especialmente los niños en la escuela hoy día, etc.?

Edwilda: Yo viví en el lugar donde todo estaba segregado, pero creo que mi madre y mi padre hicieron un buen trabajo explicando las cosas. Nuestro patio estaba aquí [apuntando a la mesa como un diagrama] y la familia blanca aquí, y ellos se saltaban la barda para jugar con nosotros. Recuerdo el día en que un niño blanco me dijo,

"Voy a ir a la escuela y mi papi dice que ya no puedo jugar contigo". Yo le dije, "pues, mi papi me dijo eso desde hace mucho". De manera que la segregación estaba en todas partes, pero creo que nuestros padres hicieron un buen trabajo para ayudarnos a enfrentarla.

Un minuto los niños blancos venían a jugar y a comer y, de repente, ya no te hablaban más. Así que cuando cosas empezaron a suceder, no tomó mucho tiempo, yo simplemente continuaba, como siempre. Yo vivía en frente de la escuela primaria blanca. Era toda de ladrillos y calentada con vapor, de manera que se veían las diferencias; nadie te tenía que decir nada. Nosotros teníamos que caminar a la escuela, pero todos los días venía un camión en frente de mi casa a recoger los niños blancos. De manera que que yo veía el camión escolar lleno de niños blancos todos los días, mientras yo subía el cerro caminando unos tres kilómetros para llegar a mi escuela negra, cuando había una escuela primaria blanca en frente de mi casa y una escuela preparatoria blanca a cuatro cuadras. De manera que yo ya conocía lo que a otros les molestaba. Simplemente bregaba con ello [la realidad del racismo]. Experimentamos de primera mano la realidad diaria del racismo, como cuando los estudiantes blancos se reían y nos aventaban pedazos de comida, o semillas de fruta o cualquier cosa que encontraran para aventarnos del camión todos los días.

Hattie: ¿Simplemente lo aceptó [la realidad del racismo] como era, ó no sabía si lo podía cambiar o no?

Edwilda: Bueno, cuando Barbara [Johns] vino a mí y me dijo si sabía cómo estaba nuestra escuela y cómo estaba la de ellos [los estudiantes blancos], no fue nada nuevo o sorpresa para mí porque lo vivíamos todos los días. Y lo loco es que ella quería que la encontrara en la cancha de la escuela, lo cual significaba que saliera de una clase. "¡Mi mamá y mi papá me van a matar!" Sólo eso podía pensar.

Pero la respetaba porque ella era la mayor en su familia; y su mamá y papá trabajaban en Washington, DC, y Barbara y su hermana Joan vivían con su abuela. Yo siempre supe que ella era muy madura y grande para su edad. Así que cuando me pidió que hiciera algo, le dije sí. Y después pregunté qué. Entonces ella me explicó las otras razones de su plan. Ya que yo sólo tenía que decirle al oído que hicieran algo, no pensé que iba a ser un problema.

Hattie: Supongo que en aquel entonces era abrumador para estudiantes tomar las riendas así.

Edwilda: Sí, lo era. Uno no desobedecía lo que decían los adultos, aún cuando uno no creía en lo que nos decían. Mi papi fue electricista, y vivimos en un tiempo en que gente en las áreas rurales no tenían electricidad. Así que él iba y empezaban a poner las líneas eléctricas. Él instalaba todos los cables en las casas. Y cuando yo iba y me encontraba con gente me decía, "Ay, tu papi nos trajo luz", "Yo conozco a tu papi". Así que hacer algo en contra de lo que estaba supuesta hacer, bueno…pero al final, le dije sí [a Barbara Johns].

Hattie: Lo más interesante aquí es la idea de los jóvenes tomando las riendas, porque en los demás casos, fueron los adultos que lideraron. Topeka, Kansas; South Carolina; Delaware; pero estar aquí en Prince Edward County y saber que estudiantes hicieron esto es impresionante.

Edwilda: Sí, aunque nos dijeron que no dijéramos nada, yo me fui a casa y le conté a mi papi lo que iba a pasar. Y él sólo me miró y dijo, "¿Entonces?"

Hattie: ¿Entonces ella [Barbara John] le dijo ese día antes de que sucediera?

Edwilda: No, supe unos días antes, no recuerdo el día exacto. Pero me dijo aparte, me dijo que la encontrara en la cancha. Ya había otros ahí. Primero me dijo que me necesitaba a tal hora y tal día.

En ese entonces, ellos [la Junta Escolar de Prince Edward] estaban construyendo edificios temporales, más de seis edificios. Había cuartos por aquí [señalando en la dirección de una calle] y otro cuarto grande para la gente agricultora. Y había otro sobre esta calle. Y creo que también otro por aquí [apuntando afuera de dónde estábamos sentadas en el auditorio].

De manera que caminábamos por este edificio aquí [señalando al edificio R. R. Moton donde estábamos para la entrevista] y alrededor, dependiendo cuánto tiempo te querías tomar en llegar a clase. Y las maestras tenían que moverse también. Tenían que moverse de salón en salón cargando todos sus libros.

Muy pocas maestras tenían un cuarto personal o permanente, como la maestra de la economía de casa porque había máquinas de cocer y una estufa en ese salón de clase, y la bibliotecaria. Pero todas las demás maestras se tenían que mover como todos los estudiantes.

Hattie: ¿Acaso no es eso increíble? ¡Es increíble! Bueno, ya le he quitado suficiente tiempo. Verdaderamente, se lo aprecio mucho.

Edwilda: Ay, de nada. El placer fue mío. Cuídate mucho, y estoy ansiosa por ver el libro cuando lo termines. ¡Buena suerte!

CAPÍTULO 5

Elevando la barra
Criando a mis hijas a ser mujeres profesionales

¿Qué sería de la vida si no tuviéramos valor de intentar cualquier cosa?
– VINCENT VAN GOGH

"¿Hay un doctor en casa?" Cuando una vez me hizo esta pregunta un reportero contesté con orgullo y gratitud, "¡Sí! Hay tres: mi hija mayor, Charrell Washington Thomas, es un M.D. (Medical Doctor)". Igual de orgullosa y agradecida agregué, "Mi hija menor, Cheryl Washington, es un J.D. (Doctor of Juris Prudence, una abogada), y yo, que tengo un doctorado (PhD, Doctor of Philosophy)".

Desde que yo era niña, he sido motivada y determinada a tener éxito a todo costo. Aprendí temprano a mantenerme enfocada, a trabajar duro, y a seguir mis sueños, sin importar los sacrificios necesarios o los obstáculos enfrentados. De manera que, no esperaba menos de mis dos hijas, aunque ellas hayan crecido en una época en que las expectativas y las oportunidades para las niñas no siempre eran iguales que aquellas para los niños.

Mi mantra es: *No les digan a sus hijas que se casen con un doctor o un abogado. Díganles a sus hijas que sean doctoras o abogadas.* Como un padre orgulloso, me considero bendecida por haber realizado esta labor que ha sido tanto difícil como gratificante. Con la ayuda y la gracia del buen Señor, crié a dos hijas afro-americanas a ser las primeras doctora y abogada de nuestra familia, y ellas han más que excedido mis expectativas. He sido bendecida con dos niñas hermosas, inteligentes y talentosas; de nacimiento y a lo largo de los años de su niñez y adolescencia. Les enseñé que la belleza viene del interior y que los buenos modales y una personalidad placentera te ayudarán a llegar más lejos en la vida que la belleza física, e inclusive los cerebros.

Les enseñé a mis hijas a no internalizar el juicio negativo de otra persona o su visión negativa, y a no terminar desarrollando una autoestima baja que les pueda afectar en otras áreas. Conozco de primera mano cómo la gente puede juzgar, o no tratar bien a alguien por ninguna otra razón más que por racismo, o por algún otro detalle como el oficio de tus padres, dónde vives, o inclusive cómo te ves. Creciendo en Norfolk en mis años de adolescencia durante la abolición de la segregación, experimenté algunos de estos juicios injustos por la sociedad en la escuela y en la vida, así que les enseñé a mis hijas cómo anticipar y manejar estas cuestiones de injusticia cuando éstas seguramente se presentaran. Dios dirigió mi camino y me protegió contra desarrollar autoestima baja al llenar mi camino con numerosos mentores.

Siendo una educadora y madre, comparto con otros padres que es esencial que empiecen temprano y que les dejen saber a sus hijos, especialmente a sus hijas, quiénes son como individuos, y que tengan confianza en sí mismas y se paren del lado de lo correcto, aunque estén paradas solas. Mi otro consejo para los padres es darles a sus hijos límites. Si no hay límites, su hijo no sabrá distinguir entre el bien y el mal. Pero cuando hay reglas, sabrá la diferencia. O sabrá cuándo han quebrado una regla o se han desviado de las expectativas. Cuando su hija hace bien, la quiere alabar. Con felicitaciones, usted alienta a su hijo a continuar haciendo bien.

Además, los padres deben poner el ejemplo. Créanlo o no, usted es el modelo a seguir para su hijo. Si lo escuchan a usted decir groserías, entonces ellos piensan que es aceptable usar ciertas palabras en la escuela o en otras partes. Si lo ven robar, en sus mentes, está bien robar. Si lo ven conducir y textear o hablar por teléfono, piensan que está bien hacer esto también, a pesar de que es un delito. ¿Qué les podemos decir? Tenemos que poner el ejemplo.

Había reglas en nuestro hogar que Charrell y Cheryl tenían que seguir, como también cualquiera de sus amigos que visitara la casa. Por ejemplo, cuando los amigos de mis hijas llamaban a la casa, tenían que demostrar respeto y usar buenos modales, sino mis hijas no podían tomar la llamada. Les decía a sus amigos cómo comunicarse respetuosa y efectivamente cuando llamaban a mis hijas; que no llamaran preguntando, "¿Está Cheryl en casa?". Cuando ese era el caso, yo preguntaba con seriedad, "¿Quién habla?" a lo cual me decían su nombre. Entonces les decía:

—Si vuelves a llamar aquí otra vez, tus primeras palabras deben ser, 'Buenas tardes, Sra. Washington', dices tu nombre... 'Soy Tyrone'; y preguntas amablemente, '¿Puedo hablar con Charrell, o Cheryl, por favor?'. ¿Entiendes?

Típicamente se escuchaba una pausa o recibía un "ajá", a lo cual yo contestaba, "Se dice, 'Sí, señora, o sí'. No se dice 'ajá'".

Y después les decía,

—Ahora, déjame oír lo que vas a decir la próxima vez que hables aquí.

Después de su respuesta les decía yo, "Precioso", y llamaba a mis hijas, que se encogían de vergüenza.

Recuerdo un día que estaba limpiando el cuarto de Cheryl; noté varias tarjetas en su cajón. Ella les había escrito a sus amigos instrucciones detalladas de qué decir cuando llamaran a nuestra casa y yo contestara. En las tarjetas ella había escrito:

"Buenas tarde o buenas noches, Sra. Washington. Mi nombre es _____. Soy amigo de Cheryl (o Charrell) y estoy en su clase o en su equipo. ¿Puedo hablar con Cheryl (o Charrell), por favor?"

Leí cada tarjeta y todas decían lo mismo, como si fueran tarjetas de presentación que personas le dan a otras. Aparentemente, ella hizo muy claro a quien le diera su número de teléfono cómo llamar a nuestra casa. Me di cuenta que por eso todos sus amigos sabían qué decir y cómo llamarlas a la casa. Sentí un cosquilleo y reí en voz alta pensando, "Dios la bendiga, qué ingeniosa. Esa es mi Cheryl, creativa y de mente analítica". Esa misma personalidad social la llevó a concursar y a obtener segundo lugar en Miss Norfolk State, Señorita del Estado de Norfolk, cuando estaba en la universidad.

~

Recuerdo cuando conocí a mi esposo en mi segundo año de preparatoria, en onceavo grado. Él estaba en la fuerza naval y era cuatro años mayor que yo. Cuando estaba en el puerto, solía quedarse en casa de uno de sus familiares que vivían del otro lado de la calle de la casa de Tía Hattie. En aquel tiempo, yo vivía con mi otra tía, Tía Sadie, en los suburbios de Lambert's Point, y tenía que tomar dos camiones para llegar a la escuela. Mi rutina diaria era caminar de la preparatoria Booker T. Washington High School a la casa de Tía Hattie, que no quedaba tan lejos. No caminaba sola. Mis dos primas, Barbara y Geraldine, caminaban conmigo las tres cuadras hasta la parada del camión. En la parada de la calle Church me subía al camión y una hora más tarde me bajaba del camión en frente del restaurante de Tía Sadie. Trabajaba ahí hasta tarde y después regresaba a casa y trataba de hacer tarea.

Recuerdo una tarde en la parada del camión, en la que estaba retrasado el camión; escuché un joven decir, "Hola, linda señorita". Mis primas Barbara y Geraldine voltearon y yo también volteé para ver quién había llamado su atención. Un hombre alto, de tez café, y guapo estaba sonriendo y mirándome. Me llegó el olor de su colonia que olía fina. Él dijo:

—¿Puedo invitarla a salir, linda señorita?

Yo pensé, *qué línea más predecible para un marinero que se topó con la señorita equivocada*. Mi respuesta inmediata fue:

—No. Gracias.

Había visto a este joven andar en la calle en varias ocasiones, pero nunca habíamos hablado. Yo no lo conocía y era demasiado grande para que saliera con él, pensaba yo. Sin embargo, él insistió y volvió a preguntar. Le dije que el joven que quisiera salir conmigo tenía que ir conmigo a la iglesia primero. Secretamente, esa era mi manera de deshacerme de él. Pero enseguida preguntó:

—Y, ¿dónde está su iglesia?

Sorprendida, le dije dónde pensando que se espantaría este marinero de una vez por todas. *¿Quién piensa él que soy?*

Pero no, él llegó a la iglesia ese domingo en un traje color gris-tiburón. Se veía sofisticado, lo admito, y fue un caballero y el enfoque de atención de todas mis amigas en la iglesia. Después acordé salir con él, no sabiendo que esta primera cita se convertiría en tres años de citas cuando él llegaba al puerto. El tercer año pidió que me casara con él. Después de cerciorarme de que podría continuar con mi educación, dije "Sí". Nadie en mi familia o en la de él se opuso cuando les compartimos la noticia. Es más, Tía Hattie y Tía Sadie compraron mi vestido de novia, y la esposa de mi pastor y otros familiares y amigos decoraron la iglesia de color rosa y morado para nuestra boda. El Sr. Southall Bass tomó nuestras fotos de boda.

Nos casamos cuando cursaba mi segundo año de universidad, ya que él estaba a punto embarcar en una nave marina por varios meses. En mi último año de universidad, quedé embarazada de mi primera hija, Charrell. Cuando el doctor me informó que estaba yo embarazada, me sentí tanto contenta como temerosa porque no sabía qué esperar. No tenía a mi madre ni a mi madrastra para guiarme por el camino. Me sentía sola. Mi esposo estaba en una nave marina la mayor parte del tiempo; de manera que, escribir cartas era nuestra forma de comunicación. Aquellos eran los tiempos antes de correos electrónicos, textos, Skype y otras plataformas sociales que tenemos hoy día para comunicarnos. Él estaba encantado con la noticia.

Durante la última parte de mi embarazo, me invitaron a visitar y a quedarme con mi pastor, a quien llamaba tiernamente Tío Herman, y su esposa, a quien también llamaba tiernamente Tía Helen. Ellos pensaban que una mujer joven no debería estar sola en un departamento, especialmente si está embarazada. Acepté quedarme en su cuarto de invitados. Empaqué mi ropa y mis cosas, y me fui de nuestro pequeño departamento con ellos. Muy contentos con mi decisión, Tío Herman, Tía Helen y sus tres hijos atentos (Vernon, Herman y la bella Phyllis) fueron amables y generosos, luciéndose al ir más allá para atender todas mis necesidades.

En cuanto me instalé, quise empezar a ser madre de inmediato, así que tocaba música para mi bebé y le leía a Charrell como si ya hubiera nacido. Le leía libros como la Biblia, Dr. Seuss, Mother Goose y hasta mis libros de texto de universidad. Empecé a tocarle música suave después de leer en la universidad, en uno de mis libros de texto de psicología, que la música placentera crea un estado de calma y relajación y estimula la tendencia natural de la criatura y de la madre de estar emocional y psicológicamente saludables y calmadas.

Pero el día en que di a luz fue muy distinto y muy difícil para mí. El dolor fue insoportable y me dio tanto miedo ya que no tenía a mi mamá para decirme qué esperar en mi primer parto. Sentía como si me hubiesen caído rayos en el vientre.

En cuanto rompí fuente en la casa del pastor una tarde, cuando Tía Helen y los otros muchachos estaban en el trabajo y en la escuela, le tocó al nervioso Tío Herman llevarme rápido al hospital Portsmouth Naval Hospital. Aunque parecía que en cada esquina nos paraba una luz roja, por fin llegamos a la sala de emergencia. Con sudor escurriendo por la cara de Tío Herman, él suspiró y exclamó, "¡Gracias, Señor!".

Personal del hospital se apuraron con una silla de ruedas para llevarme a la sala de parto. Después de varios pujes y muchos gemidos y quejidos, Charrell llegó al mundo. En el momento que me dijo el doctor que tenía yo una niña hermosa y saludable, se me salieron las lágrimas. Cuando la cargué en mis brazos mi cara estaba empapada. Ella era la bebé más hermosa que había visto. Claro, toda madre piensa que su bebé es hermoso, pero cuando vi a mi bebé por primera vez, pregunté, "¿Yo produje tal belleza?" Ella tenía el cabello rizo más lindo y una piel color café clara. Tenía rasgos de su papá y de mi padre. Fue un bebé grande, de casi 4 kilos.

Charrell tenía tres meses cuando regresó la nave de su papá al puerto de la Base Naval Norfolk. Ella fue un maravilloso regalo de navidad, que vestí de rojo y blanco para su primera tarjeta familiar de Navidad que mandaba a la familia entera. Mi esposo estaba sorprendido también después de verla. El estar en casa varios meses nos dio chance mudarnos a nuestro próximo departamento y conectarnos más.

Recuerdo vestir a Charrell en los vestidos más bonitos que compraba en JC Penny's y Sears. Charrell llamaba mucho la atención con su personalidad amistosa y calmada y todos gravitaban hacia ella. Cuando iban a visitar, lo primero que salía de sus bocas era, "¿Puedo cargarla?"

En aquel entonces, yo aún enseñaba los domingos en mi iglesia, New Hope Church of God in Christ (COGIC), Iglesia Nueva Esperanza de Dios en Cristo, una iglesia que empezó con veinte miembros y eventualmente creció a más de dos mil miembros. Yo enseñé en la iglesia todos los domingos desde mi octavo grado hasta que terminé la universidad. Miembros de la iglesia, amigos y familiares se peleaban por cuidar a Charrell en la iglesia mientras yo enseñaba, especialmente las jóvenes adolescentes. Yo estaba muy agradecida por la ayuda.

Completé mi bachillerato en educación de primaria con una especialidad en educación especial unos meses antes de que naciera Charrell. No pasó mucho tiempo para que el director de la escuela Abraham Lincoln me convenciera a enseñar una clase de educación especial. La maestra de educación especial que estaba antes se fue en medio del año escolar porque los estudiantes no tan solo tenían problemas de aprendizaje sino también de comportamiento.

Al principio tenía yo dudas. Charrell apenas tenía cuatro meses y no me sentía cómoda dejándola con una niñera por mucho tiempo. Cuando me informaron que la podía llevar conmigo a la escuela, acepté la oferta de enseñar esta clase difícil. Envolvía a Charrell en una sábana color rosa y la metía en una cunita en el asiento de pasajero de mi carro. ¡Así, nos íbamos! En aquel entonces no era una ley tener que poner a un bebé en un asiento de carro en el asiento de atrás.

Periódicamente volteaba a ver a Charrell, que estaba sonriendo y moviendo sus manitas en el aire mientras yo nos manejaba a la escuela. En cuanto los estudiantes veían a la bebé, se enamoraban instantáneamente. Varias maestras venían por ella para pasearla por la escuela, presumiéndola y haciendo que se riera e hiciera lindos sonidos de bebé. Los estudiantes de mi clase se encelaban y preguntaban, "¿Dónde esta nuestra bebé?" Me encantaba eso. Estos estudiantes, disque problemáticos y endurecidos, hablaban como bebés con Charrell y se empeñaban en terminar sus tareas para tener tiempo extra para jugar con "su bebé".

Charrell fue tan querida en esa escuela.

Mi segunda hija, Cheryl, nació dos años después, el mismo mes. Y así como Charrell, ella fue una hermosa bebé con rasgos de mi abuelo –bella complexión color café y cabello negro y un poco ondulado. Sentí la misma emoción que cuando nació Charrell, pero me sentía un poco confundida, pensé que iba a ser niño. Los viejos de la iglesia me dijeron que iba a ser niño. Me decían cosas como, "Estás cargando alto ese bebé y tienes acidez. Sí, es un niño".

Cuando el doctor me dijo que era niña, levanté mi cabeza y pregunté si estaba seguro. Al verla, mi reacción cambió rápido. Me enamoré al instante. Cuando llegué a casa con Cheryl la acosté sobre mi cama y fui a mi closet. Sonreí de felicidad. Toda la ropa de bebé de Charrell estaba guardada en cajas. Desempaqué toda esta ropa en excelente condición y se las pasé a Cheryl.

Ya adulta y una abogada de primera, Cheryl todavía es mi bebé, a quien siempre ha admirado su hermana mayor. Con solo dos años de diferencia en edad, Charrell y Cheryl fueron muy cercanas creciendo, hicieron muchas actividades juntas como clases de ballet y piano, y Girl Scouts.

Cuando vivimos en Escocia, ellas fueron a escuelas británicas diferentes, pero aún encontraban tiempo para jugar y leer juntas. Juntas montaron ponis y tomaron clases de piano, de bailes escoceses y de caligrafía, y tomaron viajes a la biblioteca y participaron en The British Girl Guides (las Girl Scouts de los Estados Unidos).

~

A lo largo de los años aprendí que para ser un buen padre tenía yo que manejar mis emociones y bienestar de ser madre primeriza y madre soltera (lo cual era por ser una esposa militar). Tenía que cuidarme yo para poder cuidar a mis hijas. Mi madre biológica murió cuando yo tenía dos años, de manera que yo quería estar ahí para mis niñas. Practiqué una buena higiene y nutrición y les enseñé a mis hijas a hacer lo mismo. Me comprometí a ser el padre mas cariñoso y compasivo como me imaginé lo hubiera sido mi madre conmigo. No tan solo les decía a mis hijas que las quería, sino que también se los demostraba todos los días con muchos abrazos y besos y muestras de aprobación.

La investigación indica que los niños que se sienten queridos desempeñan mejor en la escuela y en la vida. Ellos prosperan más en la vida que niños que no se sienten queridos. También les enseñé a mis hijas los principios sólidos de lectura, el deletreo, la escritura y la oración. Por ejemplo, antes de cenar ellas tenían que recitar un verso diferente de la Biblia después de que diéramos gracias, pero no podían decir versos cortos como "Jesús lloró", porque los puntos del ejercicio eran dos: que se aprendieran la Biblia y practicaran memorizar información, lo cual les ayuda con su memoria y sus habilidades orales en la escuela. Algunos días, antes de cenar, las veía apuradas hojeando la Biblia buscando un verso para recitar. Yo sonreía y pretendía no haber visto que se estaban aprendiendo el verso justo antes de cenar.

Cuando eran chicas, antes de acostarse, rezábamos juntas y después leíamos libros de historias como las historias de la Biblia para niños, *Mother Goose, Dr. Seuss* y más. Conforme cursaron la secundaria y la preparatoria, ellas leyeron los libros clásicos mundiales y otras novelas de la biblioteca, y terminaban la noche escuchando en el trasfondo cintas de palabras de vocabulario de la serie 3000 Palabras Que Todos Los Ejecutivos Deben Saber. Yo las retaba a aprenderse 50 de estas palabras cada semana; o sea, aprender su significado y su deletreo y cómo utilizarla en una oración.

Una vez, Cheryl se quejó de la rutina de vocabulario diciendo que ella y su hermana eran las únicas personas que ella conocía que tenían que escuchar palabras de vocabulario todas las noches y leer un libro mínimo cada semana, y estar listas para presentar un resumen de dos minutos si se les requería. Ella dijo que ninguno de sus amigos tenía que hacer eso. A lo cual yo le contesté que yo no era la mamá se sus amigos, sino la mamá de ellas y que no estaba tratando de ser una "amiga" en ese momento, estaba siendo una madre y que confiara en mí, que su recompensa iba a tener.

Varios años más tarde cuando Cheryl solicitó a las escuelas de leyes y tomó los exámenes de LSAT, ella me confesó que la razón por la cual hizo tan bien fue porque el examen era de tipo de analogías, compuesto mayormente por palabras de vocabulario. Me dijo que si no hubiera sabido el significado de una palabra hubiera sido más difícil deducir la palabra correcta para la analogía. Ella me agradeció haberla hecho continuar la rutina de vocabulario cada noche y por no haberle permitido darse por vencida cuando ya no le gustaba la actividad. Todos los padres quieren escuchar a sus hijos decirles un día, "Gracias por ser mi 'padre' y no tan solo mi 'amigo'". Sea usted persistente, consistente y sistemático en mostrarles "amor duro" a sus hijos, sin importar su actitud negativa y comportamiento renuente durante sus años adolescentes.

~

Pienso que el no sentirme deseada, querida y apoyada como adolescente me impulsó como madre a preparar a mis hijas académicamente para el futuro. Además, me esforcé en atender todas sus actividades de escuela y extracurriculares. A pesar de que trabajaba tiempo completo, yo les dediqué mucho tiempo. Traté de no faltar a sus actividades –el teatro, los deportes, los conciertos de piano, las obras de ballet y otras más. Es más, fui presidente de la asociación de padres y maestros (PTA) todo el tiempo que ellas asistieron a la secundaria y a la preparatoria.

Recuerdo aquellos días dolorosos cuando yo participaba en obras de teatro: cuando me seleccionaron para hacer el soliloquio de Hamlet, "Ser o no ser . . ." y otras presentaciones durante mis años de preparatoria, y no tenía a nadie en la audiencia apoyándome, ningún apoyo familiar. Me sentía desatendida y abandonada. Pero tenía que mantener mi cabeza en alto y seguir luchando el dolor del descuido y el abandono. Lágrimas corrían por mis mejillas y a veces una maestra me preguntaba "¿Qué te pasa?", a lo cual yo le contestaba "¡Nada!", conteniendo lo que realmente me molestaba.

Después de casarme y tener a mis hijas, anhelaba tener a mi madre ahí conmigo para ayudarme, para cuidar a mis hijas, sus nietas, o hacer lo que necesitara cuando lo necesitara. Sentía que mis hijas no tenían una abuela de verdad conforme iban creciendo. Sí, mi madrastra vivía en Baltimore, Maryland. Pero por años le guardé resentimiento por no haberme contado la verdad. Ella no era mi madre biológica y me había escondido ese gran hecho. Y también estaba Tía Sadie, quien demostró poco cariño hacia mí y también hacia mis hijas, comparado con lo que les demostraba a sus propios nietos. Inclusive, ella me cobraba por cuidar a mis hijas cuando yo tenía que asistir a alguna reunión o actividad y no podía llevarlas.

Por cortesía, yo ofrecía pagarle, lo cual, a mi disgusto, ella tomaba el dinero y se lo metía en su brasier. Me sentía tan herida tras puertas cerradas, como una madre soltera, ya que mi esposo estaba de servicio la mayoría del tiempo y su propia madre parecía favorecer sus otros seis nietos, hijos del hermano de mi esposo, más que a sus dos nietas. Yo fui una esposa militar con poco apoyo familiar.

Como resultado, yo soy el tipo de abuela que no ha faltado al Día de los Abuelos desde que mis dos nietas están en la escuela. Cuando ellas participan en una presentación de baile, vuelo a la Florida. Hasta el día de hoy, lo hago mi deber asistir a todas las funciones de mis nietas –de la iglesia, de la escuela, de los deportes y de todas las demás funciones que yo pueda– sin importar que vuele yo por solo verlas en una presentación de diez minutos o menos y tener que volar de regreso al día siguiente. Sí, hago yo esto por mis adorables nietas, Cameron y Reagan. Cuando veo sus ojos brillar al ver que estoy en la audiencia, hace que todo valga la pena.

Cada vez que veo ese brillo en sus ojos, recuerdo cuando su mamá, Charrell, estaba en la escuela de medicina en Charlottesville, Virginia, y fue escogida durante el ensayo un sábado por la mañana para ser la cantante solista principal antes de que el ministro diera su sermón el domingo. Yo vivía en Randallstown, Maryland en aquel entonces. Charrell me llamó ese sábado por la tarde y me quería allí con ella la mañana siguiente para oírla cantar. Mi corazón nostálgico de inmediato pensó en cómo mover el cielo y la tierra por estar allí con ella, especialmente cuando me lo había pedido con tanta emoción y tanto orgullo. Salí temprano ese domingo y manejé tres horas para oír a mi niña cantar su canción.

Inesperadamente, el tráfico me retrasó y pensé que me había perdido su presentación solista. Llegué diez minutos más tarde de lo planeado. Pero en cuanto llegué a la iglesia, me llevaron a un asiento especial como si supieran quién era yo y que venía. Con un ademán de su mano en el aire, el director del coro hizo que la canción que estaba cantando el coro parara de inmediato y empezara a tocar la música de la canción de mi hija. En ese instante, escuché el sonido más hermoso salir de la boca de Charrell. Recuerdo haber pensado que llegué justo a tiempo; no me perdí a mi preciosa cantar. Suspiré profundo. "¡Gracias al Señor!" Exclamé mis palabras con gratitud.

Después del servicio, el ministro susurró en mi oído que Charrell le había dicho a él y al director que yo aún no llegaba, y que ella no podía cantar su canción hasta que yo llegara. Así que el coro continuó cantando canción tras canción hasta que me vieron entrar por las puertas de la iglesia. Al escuchar esa historia, abracé al ministro y al director de la iglesia y les di las gracias por ser tan comprensivos y generosos. Ellos dijeron que estaban tan orgullosos de Charrell, esta estudiante de medicina de UVA (Universidad de Virginia), que encontró tiempo entre sus estudios para unirse a la iglesia y cantar en el coro; así que con gusto querían cumplir su deseo. Me aplaudieron por haber venido para ver la presentación solista de Charrell de apenas seis minutos. Si supieran el significado de ver el brillo en sus ojos, de estar sentada viéndola; significó tanto para mí. Yo tenía que estar allí para ella.

EL AMOR DE MADRE

Durante gran parte de mi niñez en Meherrin, pensaba que mi familia era perfecta, como en los programas de televisión de los años setenta como "Los Waltons". En sí, me trataban muy bien. Me sentía segura y, más que nada, querida. Pero hubo un periodo en mi vida adolescente y vida adulta en que no hablé con mi madrastra. Eventualmente ella y mi padre se fueron de Virginia a vivir a Marlyand, pero poco después de mudarse se divorciaron. Entonces ella se fue a vivir con uno de sus hijos mayores a una casa legendaria con escalones de mármol en Baltimore City.

Yo sabía dónde vivía. Mi padre me había dicho dónde vivía. Él visitaba cuando pasaba a dejar los cheques de manutención de sus hijos. Él también me contó que él y mi madrastra se sentaban sobre los escalones de mármol a platicar sobre Virginia y el impacto que el cierre de las escuelas estaba causando a familias, como la nuestra.

A pesar de que las cosas se mantuvieron cordiales, yo me negaba visitarla, ya que yo aún estaba molesta con ella. En mi mente, se repetía aquel momento en que mi papá me dijo que ella no era mi madre biológica sino mi madrastra. Y si esto no fue suficiente, también me dieron con una extraña que era mala y no trató de mostrarme amor. Me arrebataron de mi santuario y me dejaron a navegar por este mundo sola. Esa experiencia hirió lo más profundo en mí. Era una herida que no sanaba; sentía que toda mi niñez había sido una mentira.

Entonces una navidad, después de visitar a mi papá en Baltimore, decidí manejar al otro lado de la ciudad a la casa de mi madrastra. Ya no soportaba más esta separación de Mama. Llevé a Charrell conmigo, ella tenía casi un año. En cuanto entré a su casa, mi madrastra saltó de donde estaba sentada –con su usual taza de café con suficiente crema y azúcar– me abrazó y me besó como si todavía fuese yo su hija favorita y tuviera diez años otra vez. Me senté en su sillón y miré cómo ella disfrutaba tener a Charrell rebotando en su rodilla, hablándole con voz de bebé mientras la sostenía de sus dos manitas.

Las palabras estaban en mí. Una sola pregunta: quería saber la razón por la que me había mentido todos esos años. Me levanté y caminé hacia ella. La miré con los ojos más fríos. Cobré valentía y le pregunté:

—Mama, ¿por qué no me dijiste que tú no eras mi verdadera madre?

Ella me miró directo a los ojos, aparentemente dolida por mi pregunta. Ella se acercó, puso su mano sobre mi hombro, como solía hacer cuando yo era niña, y respondió suavecito y amorosamente:

—Pero, sí lo era.

Por un instante, no entendí lo que quiso decir con esa frase. Estaba confundida. ¿Acaso no nos había dicho mi padre hace años que ella era nuestra "madrastra"? ¿Por qué me sigue mintiendo? Entonces, su expresión me lo dijo todo: mostraba amor, dolor, y los años de añorarme y extrañarme. Los años de separación se me aparecieron como una película en cámara rápida, mostrándome todos los buenos momentos que tuvimos al igual que los años adolescentes solos en que crecí sin ella en mi vida. Entonces, comprendí finalmente lo que quiso decir con su respuesta a mi gran pregunta, "Pero, sí lo era".

La rabia y el resentimiento fueron reemplazados con pena, culpabilidad y humildad tras escuchar esas palabras salir de su boca. Empecé a llorar porque por fin había comprendido. Todos esos años yo había jugado el papel de víctima. Todos los años que desperdicié en los que ella pensaba que era mi "madre verdadera". Y la verdad, es que ella ha sido la única madre de verdad que he tenido. Desde lo más profundo, yo lo sabía.

Me besó mis cachetes con lágrimas y el dolor de la decepción y de la culpabilidad y el tiempo perdido se reemplazó con alegría y gratitud. Ella lo había puesto todo en perspectiva para mí. Nos abrazamos por un buen tiempo.

Ese fue un momento muy especial en mi vida. Desde ese momento, decidí nunca dejar que el resentimiento y el mal entendimiento definan más a mi vida.

CAPÍTULO 6

El secreto oscuro

No hay secretos que el tiempo no revele.
— JEAN RACINE

Mientras visitaba a mis primos Lorenzo y a su hermana Barbara, en Virginia Beach el fin de semana de un 4 de julio, fui a visitar a mi tía tocaya, Tía Hattie, la miembra mayor de la familia biológica de mi mamá. Ella vive en una bella casa en Norfolk que es parte de un plan de desarrollo de la comunidad alrededor de Norfolk State University. Estaba tan emocionada de verla ya que habían pasado unos años desde nuestro último encuentro en persona –pero yo siempre le mandé tarjetas de navidad, de Día de Pascua y del Día de las Madres (con un cheque).

Quería hacerle preguntas que llenarían los huecos en la historia de mi mamá y de mi crianza, aprender cualquier cosa que ella me pudiera contar sobre mi niñez, ya que estaba escribiendo la historia de mi vida. Entré a su casa y noté que ella estaba sentada en la sala. Estaba emocionada de verme y me dio las gracias por tomarme el tiempo para quedarme en Norfolk y visitarla. Nos abrazamos fuertemente y me besó la mejilla, todo el tiempo sonriendo como si yo fuese rayos de sol en un día lluvioso, y comentando al mirarme: "Si tú no te pareces a tu mamá me callo".

Fui por una silla a la cocina y me senté a su lado, queriendo que ella recapitulara parte de nuestra historia familiar que ella y mi Tía Sadie habían mantenido en silencio cada vez que les preguntábamos acerca de sus padres –mis abuelos. Yo quería entender nuestras raíces de familia y la secuencia de eventos y los lugares donde habían vivido.

Después de charlar un tiempo sobre mis hijas y mis nietas, y mostrarle fotos en mi iPhone y expresar lo orgullosa que estaba yo de ellas, Tía Hattie y yo comenzamos a discutir nuestro árbol genealógico mientras sorbíamos té frío endulzado que había preparado anteriormente para mi visita.

Tía Hattie indicó que el nombre de su mamá era Lina Rosetta Henry Goganious. El nombre de su papá era Walter Henry Goganious. Sus padres se casaron en una pequeña iglesia del pueblo donde ella creció. Dijo que su papá era parte indígena y parte griega, razón por su nombre único, *Goganious*. Él tenía un acento, pero ella no sabía el origen de su acento. Tía Hattie describió a su papá como un hombre de tez café y muy guapo. Me dijo que mi mamá y ella se parecían a él.

En el transcurso de mi visita, Tía Hattie validó el orden del nacimiento de sus hermanos. Primero nació su hermano Lorenzo Goganious, papá de mi primo mayor Lorenzo Goganious, Jr. Luego, nació Tía Sadie, la de la piel gruesa y con quien me quedé durante mis años de preparatoria y mis primeros dos años de universidad. Después nació mi mamá, Lucille Goganious, quien murió cuando yo tenía tres años, seguida de Tía Hattie y después Tío Roy.

Disfruté el tiempo que compartí con Tía Hattie, aprendiendo sobre el pasado de mi familia, pero la última hora de mi visita fue la más intrigante, y triste también. Tras sus lágrimas, ella reveló su trágica experiencia de abuso infantil. Ella quería compartir secretos familiares que rondaban su mente por años ya, secretos que estaban embotellados y que le estaban causando pesadillas recientes; ahora que estaba por cumplir sus noventa años parecía como si todo le hubiese sucedido el día anterior. Ella me miró con los ojos más tristes y me reveló que su papá les dijo a ella y a sus hermanos que jamás compartieran lo que sucedía detrás de puertas cerradas –lo que sucediera en la casa debía de quedarse en casa.

Tía Hattie terminó el último trago de su té. Ofrecí servirle más, pero se negó con un aleteo de su mano antes de agarrar un Kleenex de la mesa de centro. Noté sus lagrimas rodar y rodar por sus mejillas antes de que continuara su historia, eventualmente mojando su blusa florida. Ella dolía por dentro. Después de calmarse, indicó que ellos vivían en Driver, un vecindario en Suffolk, Virginia. Ellos vivieron ahí hasta que el secreto le puso un alto a todo. Entonces, a ella y a sus hermanos los mandaron a vivir a Wilmington, North Carolina para estar más cerca de su abuela durante este asunto devastador. Su voz se volvió casi imperceptible. Ella bajó la mirada y después la subió y dijo:

—Mi padre, tu abuelo, fue un hombre muy cruel. No tan solo nos pegaba de niños con palos, ramos, riatas, o cualquier cosa que tuviera en la mano, pero también fue cruel con nuestra madre, tu abuela.

Mi corazón comenzó a latir con tristeza y coraje tras escuchar eso.

Tía Hattie me contó que su padre le pegaba, pateaba y cacheteaba a su madre, dejándola con moretones, chichones, ojos hinchados, la nariz sangrando, y hasta con ropa manchada de sangre. Y si esto no era suficiente, él sacaba su pistola armada y correteaba a su mamá por toda la casa mientras Tía Hattie y sus hermanos le gritaban que no le disparara a su mamá.

Me recosté en mi silla en asombro. Vine en busca de respuestas al pasado familiar del lado de mi mamá y no esperaba esto. Retuve mis lágrimas, pero quería llorar porque las cosas que había contada Tía Hattie eran tan viles. Después me dijo que su padre también les apuntaba a ellos con la pistola y los correteaba por toda la casa. Ellos corrían y se escondían aterrorizados, tratando de no respirar para que su padre los encontrara y les disparara. Tía Hattie me dijo que a veces se escondían por lo que parecía horas.

Mi tía se limpió más lágrimas que corrían por su mejilla y dijo que siempre fue su hermano mayor, Lorenzo, que salía primero y les decía cuándo era seguro para todos salir –su padre ya sea estaba ebriamente dormido o había salido de la casa. Ellos se abrazaban y se iban a buscar a su madre. Cuando su padre terminaba de golpear a su madre, a veces hasta casi tumbarla inconsciente, ellos se horrorizaban aún más al ver su cuerpo hinchado y moreteado. Cada hermano se turnaba en ponerle pomada en cada herida, abrazarla y limpiarle sus lágrimas. Ellos estaban devastados por la crueldad que sufrían en manos de su propio padre y no entendían por qué o cómo él podía ocasionar tanta agonía y tanto sufrimiento a su familia.

Más perturbador era lo inútil que ellos se sentían. Tenían miedo de hacer algo, especialmente cuando se les había dicho que esto era un asunto familiar y que ellos no debían regar asuntos familiares por la comunidad.

Así que sufrieron en silencio. Tía Hattie me dijo que no era inusual para ellos ir a la escuela con chichones, moretones o caras hinchadas. Tampoco era inusual ver a otros niños con evidencia de que también a ellos les habían pegado. Simplemente se veían con una mirada de entendimiento sin atreverse a decir más de lo que les habían dicho qué tenían que decir. *"Me caí en el campo de rosales"*, o *"Me pateó la mula"*, o *"Me caí en las escaleras"*, eran algunas de sus respuestas.

Tía Hattie lloró emocionalmente al relatar este secreto oscuro que había ocultado por años. Lo curioso fue que ella no sabía por qué ella nunca había revelado a nadie esta crueldad de su niñez, a pesar de que su madre y su padre habían fallecido hace mucho y ella tiene ahora casi noventa años. Tal vez tuvo algo que ver con el otro secreto oscuro que no había revelado hasta entonces ya que a ella y a sus hermanos se les dijo que jamás hablaran de ello.

Uno de mis primos admitió que su padre los nalgueaba severamente a él y a sus hermanos, siguiendo el mismo patrón de abuso que sufrió él al igual que su madre y hermanos.

USTED PUEDE ESTAR SIENDO MALTRATADA/O SI...

- Teme el temperamento de su compañero/a
- Teme estar en desacuerdo con su compañero/a
- Ha sido golpeada/o, pateada/o ó empujada/o por su compañero/a
- No ve a sus amigos o familiares a causa de los celos de su compañero/a
- Ha sido forzada/o a tener sexo o ha temido decir no al sexo
- Ha sido forzada/o a explicar todo lo que hace, cada lugar que va y persona que ve para evitar el temperamento de su compañero/a
- Cree que no puede vivir con su compañero/a o que necesita más de su compañero/a
- Cree que el matrimonio va a cambiar a su compañero/a
- Su compañero/a la/o hace sentirse peor sobre si misma/o
- Tienen menos y menos momentos felices juntos, y más y más tiempos pidiendo disculpas, haciendo promesas y sintiendo coraje, culpabilidad y miedo

Si usted o algún ser querido o amistad experimenta cualquiera de estas señales, busque ayuda inmediatamente. (Se listan recursos en la sección de apéndices en este libro para ayudar a víctimas de violencia doméstica).

EL OTRO GRAN SECRETO

Tía Hattie ya tenía sus ojos rojos tras compartir su historia de violencia domestica que sufrieron su madre y hermanos. Ella tuvo que pausar y tomar aire. Hasta me pidió un vaso de agua para prepararse a contar el próximo secreto oscuro que se había guardado dentro desde que era una niña.

Ella me compartió, entre muchos sollozos y muchas pausas, que su padre tomó esa misma pistola con la que los había amenazado disparar a su madre y hermanos y cometió suicidio –se disparó él mismo en la cabeza, su cuerpo cayó al piso y la sangre se roció por todas partes. Él aún alcanzó a decir en su último suspiro, "Ahora están todos libres". Murió poco después.

Tía Hattie se preguntaba lo que su padre realmente quiso decir con esas palabras y por qué él sintió la necesidad de matarse para que ellos estuvieran libres, en vez de buscar ayuda. Dijo que pareció que habían pasado días antes que el alguacil fuera a ver el cuerpo y que el director de funeraria se lo llevara. Ella, su madre y sus hermanos tuvieron que ver el cuerpo de su padre tirado en el piso con toda esa sangre, y sangre en la pared y en otras partes ya secándose, mientras esperaban a que se llevaran el cuerpo. Todos estaban devastados y traumatizados por haber sido testigo de tal travestía.

El funeral se llevó a cabo en Wilmington, North Carolina dada la desgracia familiar y el secreto que se mantuvo el suicidio. La abuela, Janey Rosetta Henry, vivía allí. El hermano de Tía Hattie, Lorenzo, fue el único hermano que dejaron ir al funeral.

Tía Hattie me contó que el alguacil tuvo el descaro de cuestionar a su madre como si su madre hubiera tenido algo que ver con el suicidio de su padre. También compartió que era increíble cómo las autoridades sabían de la violencia domestica que su mamá sufría, pero no hicieron algo por ayudarla a ella y a sus hijos. Ahora el alguacil tenía el descaro de insinuar que su madre tal vez ya se había hartado del abuso y le había disparado.

Después de una investigación, se aclaró el nombre de su madre, pero Servicios Sociales ya se había visto involucrado y planeaba quitarle los hijos y colocarlos en casas de crianza temporal. Pero aparentemente, su abuela en Wilmington tenía influencia. La abuela logró que a los hermanos los mandaran a Wilmington donde ella vivía.

Tía Sadie ya se había ido de casa antes del suicidio y estaba viviendo con su abuela en Wilmington en aquel entonces. Ella se negó a aceptar más el abuso y supo que tenía que salir de ese ambiente hostil.

~

Después de la muerte de su padre, su madre se enfermó y sufrió una enfermedad desconocida que le causó mucho dolor en su cuerpo. Tía Hattie piensa que tal vez fue el resultado de años de golpes y abuso físico que acabaron con su pobre cuerpo cansado. Ella murió unos años más tarde y su hermano Lorenzo se convirtió en el patriarca de la familia y cuidó a sus hermanos –a todos menos a Tía Sadie. Para esto entonces ella se había mudado de Wilmington a Norfolk y estaba independiente.

Lorenzo rentó una casa en Wilmington con la ayuda de su abuela y de Servicios Sociales. Él cuidó de sus hermanos hasta que conoció y se casó con Jessie Mae. Los demás hermanos visitaban a Tía Sadie en Norfolk varias veces y por varios veranos. Eventualmente conocieron a sus conyugues e hicieron de Norfolk su hogar.

REFLEXIÓN

¿Por qué escogería una persona la muerte sobre la vida? Esta pregunta se ha hecho por cientos de años. La mayoría de nosotros considera el suicidio como un acto ilícito y egoísta.

La Biblia nos enseña en Corintios 3:16–17, "¿O no sabéis que sois templo de Dios, y que el Espíritu de Dios mora en vosotros? Si alguno violare el templo de Dios, Dios destruirá al tal, porque el templo de Dios, el cual sois vosotros, santo es". Y, Eclesiastés 7:17 "No seas muy listo a condenar, ni seas loco; ¿por qué morirás en medio del hilo de tus empresas?"

Como sociedad, supongo que hemos aprendido a aceptar que siempre habrá aquellos que quieren quitarse la vida. Sin embargo, la buena noticia es que hay numerosos recursos disponibles que personas pueden obtener y tratar de prevenir el suicidio. Este libro ofrece esperanza, recursos y asistencia a alguien que usted cono esté contemplando el suicidio.

DÓNDE ENCONTRAR AYUDA

Para personas que no saben dónde buscar ayuda, hable con alguien de confianza –un/a doctor/a, un/a enfermera/o, un/a trabajador/a social, un/a líder religioso/a o un/a consejero/a. Inclusive puede ir a una universidad local y conectarse a los departamentos de psiquiatría y de psicología. El internet es rico en recursos, también. Si el problema ha escalado y hay una crisis, la policía local o la sala de emergencia podría brindarle ayuda temporal mientras más ayuda se hace disponible.

[https://cnnespanol.cnn.com/2018/06/07/suicidio-como-ayudar-suicida-telefono-redes-sociales-chat/]

Hattie tiene una mirada inquisitiva inclusive a la tierna edad de cinco años.

Mi madrastra Hilda "Teenie" Lee. Siempre la consideraré mi verdadera madre.

Mi héroe, mi padre Samuel Neal, Jr.

Esta era la letrina. Y sí, de jóvenes, todos la usamos.

Hattie de adolecente y después de adulta, en la escuela de dos cuartitos donde comenzó su educación.

La foto de graduación de Hattie de la preparatoria Booker T. Washington High School.

Estudiantes de Farmville, VA., R. R. Moton High School, protestan el cierre de la escuela.

Hattie posa en un mosaico celebrando la heroína de derechos civiles Barbara Johns en el museo R. R. Moton Museum en Farmville, VA con el Rev. J. Samuel Williams.

Hattie visita el campus de R. R. Moton Museum.

"Los ojos del mundo nos miran" escrito en la pared del techo de la estructura simulada de chapopote y lamina (gallinero).

Mis amigos el Reverendo J. Samuel Williams y Joy Cabarrus se reúnen conmigo en la galería de R. R. Moton Museum en Farmville, VA.

Mi niña chiquita, Cheryl, sonriendo acerca de ¡lo hermosa que sería de grande!

Las niñas de abuela.

Charrell, Reagan y Cameron.

El vestido nuevo de Charrell.

Las nietas de Hattie, Reagan y Cameron Thomas, son desde temprana edad presentadoras experimentadas de baile, de piano y de actuación.

Las dos niñas son muy aplicadas. Sus intereses incluyen: las artes y las manualidades, la música de tambores y la lectura.

Las familias Thomas y Washington disfrutan su cena de Acción de Gracias.

Mi hijo Wayne y yo disfrutamos de tiempo en la cocina.

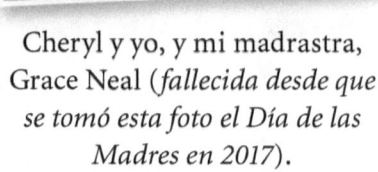

Cheryl y yo, y mi madrastra, Grace Neal (*fallecida desde que se tomó esta foto el Día de las Madres en 2017*).

La familia Thomas y yo en la celebración de Pascua 2019.

La Dra. Washington recibió una distinción por abrir su tercera casa de crianza temporal para niños en Montgomery County, Maryland.

A través de los años, las galas anuales de La Casa de Tía Hattie

A través de los años, las galas anuales de La Casa de Tía Hattie recibieron tremendo apoyo de la comunidad social y empresaria.

De profesora retirada a autora aspirante.

La Dra. Washington es muy solicitada para para firmar libros, ofrecer lecturas y dar presentaciones en los medios. Llame al 443-804-6545 para más información.

La Dra. Washington fue seleccionada "Autora Destacada" por su libro en las convenciones del Congressional Black Caucus en 2016 y 2018 (en esta foto está al lado del célebre Dr. Michael Eric Dyson y su libro galardonado).

~ PARTE DOS ~

La fe y el favor

CAPÍTULO 7

La Casa de Tía Hattie
Guarda de mi hermano

> *De eso se trata "My Brother's Keeper, Guarda de mi hermano". Ayudar a más de nuestros jóvenes a mantenerse enfocados. Brindarles el apoyo que necesitan para pensar más ampliamente sobre sus futuros. Construir sobre lo que funciona —cuando funciona, en aquellos momentos críticos que cambian la vida.*
>
> **– PRESIDENTE BARACK OBAMA, 27 DE FEBRERO DE 2014**

Siempre he creído en *crear* ganadores en vez simplemente *escoger* ganadores. En 1994, mientras era superintendente asistente de las escuelas públicas de Baltimore, en mi interacción regular con estudiantes, me di cuenta que muchos estudiantes de escuela eran *foster children*, niños en el sistema de crianza temporal o de colocación, y no tenían un hogar seguro, estable y amoroso, lo cual los ponía en riesgo de convertirse en personas que no iban a sobresalir y pasar a ser otra triste estadística más.

Dada mi preocupación, empecé a llevarme a niños en el sistema de crianza temporal, o niños acogidos, a mi casa mientras Servicios

Sociales les encontraba un lugar permanente y seguro. Tuve la visión de poder brindarle un hogar a muchos niños acogidos, así como mi hogar y mi casa de infancia en el campo, donde cada niño recibía la crianza, el amor, la guía y la atención necesaria para desarrollarse y realizar todo su potencial. Yo quería ayudar especialmente a hombres negros porque, comparados con hombres de otras razas, ellos corren mayor riesgo de ser colocados en salones de educación especial, dejar la escuela, y eventualmente, ir a la cárcel.

En 1997, mi visión se hizo una realidad. Fundé Aunt Hattie's Place, Incorporated, La Casa de Tía Hattie, una organización sin fines de lucro que funciona como facilidades residenciales en el Estado de Maryland para niños en el sistema de crianza temporal que han sido maltratados, abandonados, descuidados y/o que tengan necesidades educativas especiales. Mi organización provee un hogar seguro, estable, cálido y de largo plazo para ellos.

Me tomó tres años abrir La Casa de Tía Hattie (Aunt Hattie's Place, AHP) y satisfacer todos los requisitos estatales y locales para abrir una casa de crianza temporal. La ironía de todo esto es que nunca tuve la intención de abrir una casa de crianza temporal para acoger niños. Esa no era mi intención. Simplemente sentí una necesidad de rescatar a "jóvenes con potencial" que necesitaban una buena comida casera y una cama caliente para dormir en la noche. Normalmente, la sociedad llama a estos niños "de alto riesgo". Yo prefiero usar términos positivos al hablar de estos jóvenes. Yo los llamo "jóvenes con potencial".

~

El sistema de crianza temporal o de colocación, *foster care*, está diseñado para ser una colocación temporal de niños cuando sus padres no los pueden cuidar. Sin embargo, he descubierto en los más de veinte años que tengo siendo un padre de crianza temporal, *foster parent*, de muchos niños que están en el sistema de crianza temporal por largo plazo, que ellos sobresalen cuando se sienten queridos y son parte de una unidad familiar. Este sentido de unidad familiar bien puede ser un ambiente de casa-hogar grupal si es un espacio cálido, estable y estructurado. Veo mi trabajo en La Casa de Tía Hattie como "una misión y un ministerio", y mi manera de corresponder y dar tributo, y lograr un cambio. La Casa de Tía Hattie trata de borrar el estigma que se asocia con el sistema de crianza temporal al utilizar un método de orientación familiar con los niños, lo cual promueve un sentido de pertenecer y der ser responsable. Éste es un método único que está grabado en la misión de La Casa de Tía Hattie. También busco ese rastro de carácter cariñoso en cada persona que contrato.

Planear, desarrollar y adquirir mi primera casa de crianza temporal no fue tarea fácil. Fue terreno nuevo para mí. Entré a un desafío de mi fe y mi fuerza, pero eventualmente se convirtió en un milagro, lo explicaré más en el capítulo 10. ¿Cuántas personas harían ese sacrificio personal? Todo esto tiene que ver con mi crianza y con quién me ayudó en el camino.

En 1997, recibí una licencia estatal para abrir una casa de crianza temporal. El año anterior, renté dos casas que colindaban. En aquel entonces, me sentía contra la espada y la pared –no podía aceptar donaciones o recaudar fondos hasta que se me aprobara como una entidad sin fines de lucro, conocida como una organización 501(c)(3), y sabia que los muchachos tenían que comer y que la renta se tenía que pagar. De manera que, hasta que mi solicitud para la designación 501(c)(3) fuera aprobada, saqué fondos de mi anualidad para ayudar a financiar esta primera casa de crianza temporal, haciéndola operacional después de pagar la renta, amueblarla, instalar la electricidad, y comprar comida y ropa para los muchachos. Ahora recibo reembolsos del Estado de Maryland por cada niño-acogido que cuido, pero toma semanas para que La Casa de Tía Hattie reciba los pagos de reembolso. Todo el tiempo ilumino a la gente que quiere abrir una casa de crianza temporal que su propósito no puede ser generar dinero. Estrictamente debe ser el ayudar a salvar a niños en el sistema de crianza temporal, o rápido va a echar la toalla.

Para aquellos que están considerando construir casa de crianza temporal, recomiendo colaborar con organizaciones que le ayudarán con la logística. En aquel entonces, nosotros tuvimos que hacer todo. Se necesita mucha paciencia, persistencia y fuerza. Y comience con un plan. Primero, se debe planear cómo operará la casa de crianza temporal, incluyendo cómo se obtendrá el capital. Recuerdo que me tomó dos años obtener mi doctorado, pero me tomó tres años y medio escribir la propuesta para la casa de crianza temporal y lograr que la aprobaran. Recuerdo que tuve que pausar la escritura de mis memorias porque la propuesta para la casa de crianza temporal lo consumía todo y la propuesta se convirtió en mi libro. Coleccioné suficiente papel para llenar una carpeta de 10 centímetros, la cual consistía del plan y de todos los requisitos del programa específico para satisfacer todas las Regulaciones del Código de Maryland, Code of Maryland Regulations (COMAR) para abrir la casa hogar.

Mientras abrí y operé la primera casa de crianza temporal, avancé mi carrera, eventualmente convirtiéndome en la primera vice-presidente mujer de Coppin State University. Estaba llena de gratitud tras descubrir que había obtenido la posición. Para ser sincera, no sabía si iba a poder administrar la casa de crianza temporal y la universidad a la misma vez. Ambas requerían de mi tiempo, mi conocimiento y mis capacidades de liderazgo.

Muchas noches, le pedí a Dios fortaleza y me bendijo con ella, al igual que con un equipo de personal maravilloso como: mi hija Cheryl, que fue directora ejecutiva de La Casa de Tía Hattie; mi hermanastra, Audrey Bailey, la directora de la Junta de Directores; y voluntarios como mi brazo derecho, Julie Haskins-Turner, quien fue mi asistente ejecutiva cuando yo fui vice-presidente de Coppin State. También soy bendecida de tener a personas generosas que donan dinero para que La Casa de Tía Hattie continúe operando. Le digo a la gente todo el tiempo que necesitamos de todo: cocineros, trabajadoras domésticas, mecanógrafos. Necesito a personas para administrar nuestra base de datos –toda la operación. Administrar una casa de crianza temporal es igual que administrar un negocio, excepto que es un hogar.

El 14 de febrero de 1997, se abrieron oficialmente las puertas de La Casa de Tía Hattie, brindando una casa de crianza temporal de largo plazo a niños en el sistema de crianza temporal entre las edades de 9 y 13 años. En enero de 1999, La Casa de Tía Hattie fue reconocida como una casa de crianza temporal modelo por el Departamento de Recursos Humanos del Estado de Maryland y Servicios Sociales de la Ciudad de Baltimore. En julio de 1999, tras encontrar nuestra casa de crianza temporal ideal, nos mudamos y expandimos en West Baltimore City (comunidad de Howard Park/Forest Park). El espacio adicional nos permitió poder cuidar a doce niños más en vez de los ocho niños iniciales. En noviembre de 1999, Baltimore City nos otorgó una beca, bajo el mandato del alcalde Kurt Schmoke, para ayudar con las renovaciones del edificio.

Un año después, la Asamblea General de Maryland nos otorgó un *bond bill*, o bono de asistencia, para adquirir, designar, renovar y expandir la casa en West Baltimore. El bono de asistencia fue patrocinado por el finado senador Clarence Blount y el finado delegado Howard "Pete" Rawlings, y con gran apoyo de la senadora Lisa Gladden (entonces delegada). En octubre de 2001, se completaron la renovación y la expansión y nuestra ceremonia de cortar el cordón se realizó con más de cien personas presentes demostrando su amor y su apoyo.

LOS ESTÁNDARES DE LA CASA DE TÍA HATTIE

Vivir en La Casa de Tía Hattie es lo que yo llamo un programa de entrenamiento. Mi equipo de personal y yo estamos comprometidos a equipar a muchachos jóvenes con las habilidades, la educación y la disciplina necesarias para convertirse en hombres productivos de la sociedad. Desde el momento en que un niño o muchacho entra por las puertas de La Casa de Tía Hattie, le digo: "Mi nombre es Dra. Hattie Washington, pero me gusta que me llamen Tía Hattie porque aquí somos familia en La Casa de Tía Hattie".

Entonces repaso las reglas. A todo joven se le requiere: ayudar con los quehaceres (p.ej. trapear los pisos, limpiar los baños, sacar la basura, lavar la ropa y otras tareas); aprender a tocar un instrumento musical; hablar un idioma extranjero; y jugar un deporte, como golf o tenis. He leído que aprender a tocar un instrumento ayuda al cerebro a desarrollar habilidades lingüísticas. Además, también quería que ellos fueran culturalmente diversos, porque cuando se trabaja con jóvenes y se establecen relaciones con ellos, ayuda tener cierto entendimiento y perspectiva de sus culturas.

Para sobresalir en la escuela y en la vida, nuestros jóvenes, particularmente nuestros jóvenes negros, necesitan modelos a seguir. Si no tienen a nadie que los guíe por el buen camino, o alguien a quien emular, cometerán errores estúpidos que podrían afectarlos el resto de sus vidas. Las estadísticas muestras que nuestro sistema educativo le está fallando a niños y a jóvenes negros. Muchos están leyendo a niveles que están uno a tres grados bajo el nivel promedio.

En La Casa de Tía Hattie establecemos estándares para los jóvenes. Los capacitamos para la vida. Teníamos reglas estrictas de vestimento: no aretes ni pantalones hasta la cintura, colgando y mostrando los calzoncillos; y también tenían que cortarse el pelo cada dos semanas. Antes de irse a la escuela en la mañana, tenían que leer la placa colgada en la entrada que decía:

- Soy maravilloso.
- Soy inteligente.
- Tengo buenos modales.
- Soy querible.
- Soy guapo. (Ellos agregaron esto).
- Estoy agradecido.

Después de vivir en La Casa de Tía Hattie, muchos de los jóvenes que pasaron por nuestras. Puertas han tenido vidas plenas y exitosas. Por más de veinte años, La Casa de Tía Hattie contribuyó a la comunidad y a la sociedad al ser un hogar para tanto joven. Ellos han beneficiado de nuestros programas y servicios. Muchos de nuestros estudiantes han llegado a ser estudiantes de universidad y de la escuela graduada; y después de la universidad han conseguido trabajos y viven independientes. Hay algunos de ellos que han obtenido carreras en las fuerzas armadas.

La sociedad esperaba que ellos fracasaran en la vida. El éxito de estos muchachos es la validación de que no todos los hombres negros son rufianes y están destinados a dar en la cárcel. Me siento honrada y también agradecida al decir que mi casa de crianza temporal fue nombrada por el Departamento de Recursos Humanos como una casa de crianza temporal modelo para otras casas de crianza temporal, por el significante progreso que muchos de los jóvenes logran en sus estudios, en su comportamiento y en su autoestima. Esto se debe a que yo, al igual que mi administración, equipo de personal, Junta Directiva y aldea de personas que nos apoyan, teníamos altas expectativas para estos jóvenes y les demostramos amor y estabilidad.

~

Nada me preparó para los retos que enfrentamos en la apertura de la tercera casa de crianza temporal en Sandy Spring, Maryland. La casa de garaje para cinco carros fue legada por el finado Robert Hill, un caballero negro, constructor de casas y presidente y oficial ejecutivo de Sandy Spring Construction Company en Maryland. Todos lo llamaban Tío Bob. Él me legó la casa dos años antes de que falleciera. Su compañía construyó más de doscientas casas en esta área. De vivos, él y su esposa, la finada Josephine Hill, tuvieron corazones muy generosos. Tío Bob y Tía Jo contribuyeron a diferentes iglesias a lo largo del estado de Maryland para ayudar a gente que necesitaba comida y ropa. Tío Bob hasta tenía su propia bomba de gasolina en su propiedad a la salida del garaje, donde muchas veces permitía a sus amigos llenar sus tanques cuando visitaban. Su esposa y yo nos conectamos a través de nuestra profesión.

Algún momento en los años setenta, ellos tuvieron una fiesta en su casa a la cual me había invitado otra amistad en Baltimore. Cuando vi a Josephine Hill, me di cuenta que la conocía de una reunión de maestros. Nos reconectamos cuando regresé del extranjero. Considero a Josephine Hill la definición de una verdadera dama: cariñosa, sirviente de los demás, nada egoísta. La admiraba tanto. Algunos la conocían por Jo, pero yo la llamaba Tía Jo, y a su esposo Tío Bob. Ellos fueron como mis segundos padres e inmediatamente los adopté como mis mentores. Me conmovieron su gentileza y su generosidad ya que yo no era su sobrina biológica, y ellos tenían familiares a quienes le pudieron haber dejado la casa.

Sin yo saberlo ellos decidieron dejarme la propiedad unos años antes. Tiempo después, Tío Bob me dijo que él y su esposa estaban conmovidos cuando saqué mi anualidad para financiar la primera casa de crianza temporal para niños en el lado oriente de Baltimore. Los conmovió mi compromiso a esta causa de acoger a niños en el sistema de crianza temporal y decidieron que ellos me querían ayudar.

EL CORAZÓN Y LAS MENTES PARA REALIZAR EL TRABAJO

Me encanta la sinergia y la inspiración para hacer el bien que uno siente al terminar con una clase de liderazgo. Siento que las clases de liderazgo son para líderes con un corazón para lograr cambios. Las clases de liderazgo fortalecen la confianza en uno mismo y la sabiduría, y nos dan el poder para tener éxito. Uno está en clases con gente que piensa igual y que también tienen la capacidad o las conexiones para hacer las cosas. Cuando tuve la visión para la tercera casa de crianza temporal, recordé que cada vez que asistí a las tres clases de liderazgo anteriores, el grupo era tan motivador que me inspiraban a sentirme determinada de abrir otra casa de crianza temporal.

Esta última casa de crianza temporal no era diferente; la inspiración para ella provino de mi clase de liderazgo de Montgomery. Tomó seis años construir la tercera casa. Y a lo largo de la planificación, el desarrollo y las etapas de implementación, pensaba: *¿Por qué está tomando tanto tiempo?* Le doy gracias a Dios que tuve grupos especiales de liderazgo que me ayudaron en mi jornada. Kim Jones, Duana, Ari, y otros empezaron el proceso de seis años para abrir la casa de crianza temporal en la propiedad de la casa con garaje para cinco carros.

~

Para comenzar el proceso de construir esta casa de crianza temporal "ecológica" para niños en el sistema de crianza temporal en Sandy Spring, un joven sobresaliente y con mentalidad de comunidad, Jeff Donahue –de mi clase de Liderazgo de Montgomery 2004, entonces denominado por todo el grupo como "el mejor de la clase",– coordinó una reunión en mi casa y me presentó con otros líderes con la misma mentalidad comunitaria que eventualmente se convirtieron esenciales para hacer mi visión una realidad. Jeff, o Donahue Construction Company, invitó a la reunión a la abogada Emily J. Vaias de Linowes and Blocher LLP, quien es un ángel sobre la tierra, y ha proveído asistencia legal pro bono, del 2004 al presente; George T. Myers de GTM Architects; y Steve Tawes de Loiederman Soltesz Associates (ahora Soltesz).

Todas estas personas enviadas por Dios, acordaron ayudarme pro bono al principio, e hicieron todo lo que pudieron incansablemente, desde la ayuda legal con el bono de asistencia, el diseño de los planos y la asesoría estructural con arquitectos e ingenieros para determinar si se podía realizar la visión. Poco después en el transcurso de la planificación, Jeff nos presentó a Greg Dillon, fundador de Dillon Development Partners, quien también añadió a la visión y se unió al equipo como manager de proyecto.

La nueva casa de crianza temporal para niños se abrió en mayo de 2010 para ocho niños jóvenes después de seis años de persistir, aprender lecciones y recibir la intervención divina. Al construir esta casa de crianza temporal logramos realizar un sueño como también establecer un legado. Ningún costó se obvió para esta nueva facilidad que es accesible para personas con discapacidades y brinda servicios a niños con necesidades especiales; incluye un elevador y otras características ecológicas como un sistema de agua sin cisterna, electrodomésticos que ahorran electricidad, y pintura no-tóxica que ayuda ahorrar dinero a largo plazo. Dado que el ejercicio es crucial para los niños en desarrollo, especialmente para niños considerados hiperactivos, la nueva casa de crianza temporal tenía una piscina y una cancha multi-deportes, con conversión de tenis a voleibol disponible. En el sótano hay varias piezas de equipo de ejercicio que fueron donados, como una caminadora, una bicicleta estacionaria y pesas.

La Junta Directiva y un grupo de personas de la comunidad que nos apoyan llamados "Equipo de apoyo de la aldea" consideraban esta casa de crianza temporal un modelo nacional para lo que debe ser el ambiente que todos los niños en el sistema de crianza. temporal merecen. Para nosotros, esta nueva casa, al igual que la casa de crianza temporal en Baltimore City, ha cambiado el concepto de lo que debe ser una casa de crianza temporal.

Mis hijos-acogidos orgullosamente invitaban (e invitan) a sus amigos a la casa de crianza temporal, y cuando sus amigos les preguntaban si ellos vivían ahí, que pensaban que vivían en una casa de crianza temporal, alegremente mis hijos les contestaban: "Sí, aquí es donde vivo, y esta es una casa de crianza temporal".

Durante la construcción, decidí renunciar mi posición de vice-presidente de Coppin State University para dedicar más tiempo a la construcción de la nueva casa. Regresé a la facultad como profesora de tiempo completo ya que siempre he disfrutado enseñar. Una de mis pasiones es entrenar a maestros a enseñar y alcanzar a todos los estudiantes sin importar su nivel académico actual, su género, su diversidad, sus ingresos familiares, su tipo de familia u otras diferencias.

Desafortunadamente, el contrato estatal no fue renovado para 2014 o más allá. Una iniciativa llamada *Place Matters*, que enfatizaba encontrar familias permanentes para el mayor número posible de niños en el sistema de crianza temporal. En un artículo escrito por Julie Bykowicz en el periódico *Baltimore Sun*, el 2 de octubre 2009 (p. 2): "Bajo esta nueva iniciativa, el departamento se enfoca en reunir a niños en el sistema de crianza temporal con sus propias familias o mantenerlos en ambientes familiares, lo cual ha reducido la dependencia del estado en camas en casas de crianza temporal por casi la mitad".

Estoy de acuerdo filosóficamente con esta iniciativa y aplaudo los esfuerzos por los niños que han sido adecuadamente colocados y han sobresalido en sus nuevos ambientes. Sin embargo, aún me preocupa que datos de seguimiento relativos a la graduación de la preparatoria, o a admisiones en la universidad y/o al éxito en adquirir trabajo no están disponibles para estos niños que fueron removidos de casas de crianza temporal y re-colocados.

Mi punto de realidad es que yo me convertí en madre de crianza temporal en mi hogar personal primero, pero sentí que necesitaba más recursos para adoptar a los niños con problemas más profundos que necesitaban ayuda en un ambiente más estructurado y con suficiente personal para coordinar los servicios.

~

Después de muchas cartas de apoyo y una apelación que no logró nada, no tuvimos otra opción más que poner esta nueva casa "ecológica" de crianza temporal a la venta para poder pagarle al banco el préstamo hipotecario. Ahora enfrentando quedarme sin casa, ya que usé mi propio hogar como aval para financiar parcialmente esta tercera casa de crianza temporal, tuve que vender mi casa personal junto con la nueva casa de crianza temporal. Aún así, seguía rezando por un milagro. Tenía una sola vela prendida en cada ventana de mi casa personal como símbolos de esperanza y de fe en que alguien me ayudaría en este desafortunado dilema y que se haría parte de esta causa noble de salvar a niños en el sistema de crianza temporal.

Una vez lo dije para un periódico, "Lo haría otra vez en un instante, porque creo que los niños valen la pena".

CAPÍTULO 8

"Si logro crecer y ser grande"

Instruye al niño en su carrera; aun cuando fuere viejo no se apartará de ella.
– PROVERBIOS 22:6 (RVR)

"Si logro crecer y ser grande". Esta frase me ha impactado desde el día que la escuché por primera vez. Desde temprana edad, se nos motiva a pensar qué tipo de trabajo queremos hacer cuando seamos grandes. ¿Qué contribución queremos hacer en el mundo? Nos hacen esta pregunta antes de nosotros saber cómo amarrarnos las agujetas de los zapatos. Yo pregunté esto un sinfín de veces en La Casa de Tía Hattie, pero no fue hasta una tarde de verano, después de cenar espagueti con mis hijos-acogidos, que no obtuve las respuestas que había recibido antes de profesiones históricamente aceptadas –

doctor, abogado, ingeniero. Una de las respuestas que obtuve fue: "Si logro crecer y ser grande".

Miré a mi hijo-acogido, Lamont, cuya madre fue adicta al crack y cuyo padre fue asesinado. Ay, mi bien, no podía creer lo que acababa de escuchar. Así que pregunté curiosamente:

—¿Escuché bien que dijiste, 'Si es que llego a ser grande'?

—Sí, porque los chicos de donde soy yo no llegan a ser grandes ni alguien un día —respondió de forma realista.

—¿Tú no crees que vas a ser grande un día? —pregunté confundida.

Él me miró y empezó a contarme su historia. Su padre dejó la escuela preparatoria y vendió drogas para mantener a su familia. Y su madre fue adicta al crack desde que él tiene memoria. La razón por la cual se le puso en el sistema de crianza temporal fue que su abuela, quien estaba a cargo de criarlo, se volvió senil y tuvieron que internarla en un asilo de ancianos. Lamont admitió haber vendido drogas y que quería que lo atraparan para que fuera a la cárcel. Ahí, le darían "Three hots and a cot".

Lo miré y le pregunté:

—¿Qué significa *"Three hots and a cot"*?

—Tía Hattie, significa tres comidas calientes y un catre para dormir en la cárcel —contestó otro de mis hijos-acogidos antes que Lamont.

Ahora me quedé sin palabras. Cuando finalmente pude procesar todo lo que me habían dicho le s dije:

—¿O sea, quieres decir que quieres ir a la cárcel?

—Sí —contestaron todos.

También dijeron que si no fuera por La Casa de Tía Hattie estarían desamparados. En la cárcel tan siquiera tendrían una cama para descansar su cabeza y algo que comer. Mi hijo-acogido llamado Isaac agregó:

—Es mejor que estar en la calle, ser baleado por la policía o por los traficantes.

Me empecé a molestar con ellos por pensar así y les dije:

—Si ustedes van a la cárcel lo notan en su historial. Entonces no pueden ir a la universidad porque no pueden solicitar ayuda financiera.

Me dijeron que ellos pensaban que la policía era su enemigo en vez de su amigo. Me sorprendió aprender que muchos de ellos piensan que no pueden tener una vida legítima. Por alguna razón piensan que los policías están detrás de ellos. He oído a muchos de mis hijos-acogidos decir, "¿Para qué tratar? Mejor vivo mal y robo un carro para que tenga una cama para dormir y algo que comer".

Cuando estos muchachos terminan en la cárcel, personalmente, yo no veo a trabajadores sociales tratando de cambiar el sistema para prevenir que entren al sistema de prisión.

~

El haber sido influida positivamente por mi madrastra y mi maestra de primaria, la Sra. Brown, y tras vivir lo que yo llamo una existencia de esclava con Tía Sadie, me impulsó a articular un propósito para mi vida. Pero yo soy una de las afortunadas. Muchos niños negros se sienten derrotados. Miremos lo que sucedió en Ferguson. Muchos de nuestros ciudadanos negros no consideran a la policía como Sr. Amigo sino Sr. Enemigo. Nuestros hombres negros tienen esta mentalidad de "ellos contra nosotros".

Es difícil no estar de acuerdo con ellos, o mostrarles instancias de lo contrario, cuando las estadísticas comprueban lo opuesto y cuando uno ve que adolescentes negros desarmados son baleados en la calle por la policía. Otro caso de un hombre negro: Eric Garner, acusado de vender cigarrillos sueltos, que se encontró de repente con su cuello en una llave de aprieto y diciéndole a la policía: *"I can't breathe*, No puedo respirar"; y aún así lo ahorcaron, su cabeza presionada contra el concreto. Pero igualmente, cuando hombres negros reaccionan con groserías y desobedecen a la policía, la policía actuará con fuerza.

Les digo a mis hijos-acogidos todo el tiempo, tienen que parecer estar a la altura para ser respetados. Los oficiales de policía ya tienen miedo y pueden reaccionar usando sus armas. Debemos educar a nuestros hijos, o será la policía que se encargará de la juventud negra de diferente manera.

¿Por qué toma una tragedia altamente publicitada para que personas tomen una postura? No tomamos una postura cuando se trata de un crimen de un negro contra otro negro. Es más, yo creo que debemos de tomar una mayor postura. Económicamente, debemos de salvar a todos nuestros niños, especialmente a los jóvenes afro-americanos. Ellos son los más temidos, los más odiados, los que están en mayor riesgo y el grupo más perseguido de cualquier raza o cultura.

Personalmente creo si cualquiera otra raza o cultura tuviera a tanta de su gente encarcelada, o en libertad condicional o bajo palabra, como lo tiene la raza afro-americana, habría una crisis en esa raza o cultura.

~

En todos mis años de enseñar a muchachos afro-americanos, también he aprendido que la mayoría son inteligentes, ingeniosos, y sobrevivientes inventivos, maniobrando el sistema como puedan para sobrevivir. Aún así, son como un hámster corriendo en su rueda. Muchos están atorados, sin poder llegar muy lejos en la vida a causa de malas etiquetas, por tener menos educación, por no sentirse querido y por no tener a mentores disponibles o consistentes.

La solución: Darles a los jóvenes negros incentivas para hacer las cosas bien e ir por buen camino. Una comunidad debe esforzarse por ofrecer programas agresivos, especialmente para niños de color, para hacerlos sentir que son parte de la comunidad. Yo creo que debe de haber más programas no amenazadores que proveen educación para el diplomado de preparatoria (GED, General Educational Develoment), y como incentiva los programas pueden ofrecer una comida casera. Hay que dejarles saber a los jóvenes que obtener una educación es una posibilidad y es divertido.

Estos programas deberían de colaborar con estudiantes de preparatoria que pueden obtener créditos de servicio a la comunidad, y con personas retiradas que sirvan de mentores para los que están obteniendo su certificado de GED o que están en la preparatoria y simplemente necesitan ayuda adicional. Las iniciativas de Obama como *"My Brother's Keeper*, Guarda de mi hermano" y *"North Star*, Estrella Norte"*,* como también la iniciativa *"Reach Higher*, Alcanza más lejos" de la entonces Primera Dama Michelle Obama, reforzaron mi creencia en crear ganadores, no tan solo *escoger* ganadores.

Al discutir con mis hijos-acogidos y estudiantes qué querían hacer en cuanto a su carrera, ellos me contestaban, "¿Cómo llego a la universidad? No tengo ni idea". Ahora puedo responder con experiencia, pero esto no siempre fue el caso. Yo soy una estudiante de primera-generación, y cuando llegué a Norfolk State, no tenía idea sobre los procesos de solicitud y admisión. Con la ayuda del personal amable de Norfolk State, pude hacer los trámites. Les digo a mis hijos-acogidos: si ellos están determinados en ir a la universidad, siempre encontrarán una manera.

CREANDO GANADORES, NO ESCOGIENDO GANADORES

Millones de personas están marcadas de por vida con un récord criminal, ya sea que conscientemente cometieron un crimen o hicieron algo inmaduro y tonto. Tener un récord criminal puede impedir que: la persona consiga un trabajo que pague bien; pueda calificar para ayuda financiera federal o estatal, o para préstamos estudiantiles; y tenga facilidad para conseguir vivienda. Las personas entonces se dan por vencidas y se estancan en el sistema. Creo que el problema más grande de nuestro sistema es que extendemos el castigo más allá de la prisión y la sentencia cumplida. Creo que necesitamos programas para ayudar a borrar ciertos récords criminales menores de los jóvenes. Si un joven, o una joven, se ha esforzado en cambiar y se lo demuestra a por lo menos tres personas que quieren abogar por él o ella, esto debería contar y el récord de la persona debería ser suprimido.

Si tuviéramos programas para borrar los récords criminales de las personas que tomaron malas decisiones o decisiones para sobrevivir a temprana edad, creo que la sociedad tendría a menos personas en la cárcel y a más personas sosteniendo empleos legítimos e yendo a la universidad. Cuando quienes toman las decisiones tienen cero-tolerancia de infracciones que pueden afectar la vida entera de la persona, pienso cuántas de estas personas tomando las decisiones hubieran estado en la cárcel de jóvenes si se les hubiera sorprendido o si no se les hubiera dado otra oportunidad.

No sea que se nos olvidé de dónde venimos y cómo llegamos hasta acá, como dice el dicho. El crear ganadores comienza con lo que yo llamo "Las tres Ps: proactividad, prevención y positividad". Mi aproximación siempre ha sido —ya sea con mis propias hijas o mis hijos-acogidos— hay que ser proactivos en la educación de nuestros hijos, o sea proveerles información sobre temas escolares antes de que ellos los repasen en la escuela; prevenir que ellos se conviertan en otra estadística más al tratar de anticipar lo que necesitan para lograr éxito académico e integrar sus fuerzas e intereses; y estrategias de positividad, como hacer el aprendizaje divertido e incentivarlos a aprender más. Estas técnicas funcionaron con mis hijas e hijos-acogidos. ¿Por qué no aplicarlos en el salón de clase?

Otra técnica que usé con mis hijas, desde que estaban en la escuela, se llama EASY-Learn, *Earn As You Learn*, un sistema para ahorrar mientras se aprende. Mi sistema de EASY-Learn recompensa a los niños por buenas calificaciones de manera consistente y sistemática: recompensa de $10 por cada calificación de *A*; $5 por cada calificación de *B*, y si se obtiene una *C*, el estudiante le debe pagar al padre $20, al menos que la *C* sea una mejora de una calificación de *D* o *F*, caso en el que se le recompensa $2 al estudiante. Les abrí cuentas bancarias a mis hijas y las motivé a que guardaran por lo menos 60% de sus ahorros.

Estoy al tanto de la opinión que no se les debe recompensar a los niños por buenas calificaciones o por ir bien en la escuela, y que los niños deben de obtener buenas calificaciones únicamente para gratificarse a sí mismos. Yo no estoy de acuerdo.

Aunque eso suena bien filosóficamente, yo no he conocido a ningún niño, o adulto, que no responda a incentivas positivas. ¿Acaso la mayoría de adultos trabajaría gratis, aunque les gustara su trabajo? ¿Acaso trabajarían solo para gratificarse a sí mismos sin ninguna recompensa por un buen trabajo? Creo que no. Creo que pocos lo harían.

Al principio pensaba que mis hijas obtenían buenas calificaciones a causa de la incentiva, pero después observé que obtenían buenas calificaciones por sí mismas. Ellas desarrollaron mejor autoestima en el proceso. Uso esta misma técnica con mis nietas, los hijos de mis primos y mis hijos-acogidos. Algunos de mis hijos-acogidos han mejorado su calificación de *F* a *C*, de *B* a *A*. Podía ver la mejora en sus calificaciones cada semestre que les hacía burla y les decía: "¡Guau! ¡Tus calificaciones están tan estupendas, estás dejando en quiebre al banco!" a lo que contestaban con una sonrisa. Los felicitaba y les decía lo orgullosa que me sentía de ellos, y cuando me daban las gracias les decía: "Ahora quiero oírte decir lo orgulloso que estás tú de ti mismo", motivándolos a continuar con sus buenas calificaciones por cuenta propia.

A través de los años he notado una gran mejora en la juventud, especialmente en los jóvenes negros —a quienes he tenido en mis salones de educación especial y en La Casa de Tía Hattie. Trabajando con ellos, me doy cuenta que muchos de ellos son malentendidos. No todos los jóvenes negros son rufianes y criminales como tantas veces se pinta el estereotipo. He descubierto que poseen una gran ambición e inteligencia para empezar un negocio.

Recuerdo un día caliente de verano, en una esquina donde estaba la luz roja, vi a cuatro jóvenes negros, que parecían estar en sus veinte, vendiendo agua fría embotellada. Tenían el tiempo preciso de la luz roja para vender agua fría antes de que se cambiara la luz a verde. Compré un par de botellas pensando, *qué innovador*. En otras esquinas de las calles de Baltimore City, vi a jóvenes negros llamados *"Squeezie Kids,* niños esponja", que se acercan a los carros en la luz roja y limpian los parabrisas sin permiso y de relámpago. Aunque el conductor no le pague la limpieza, recibe un amistoso "Tenga un buen día".

A pesar de que estos jóvenes debieron haber estado en un salón de clase, si son motivados adecuadamente y se les da la oportunidad, pueden lograr hacer grandes cosas en la vida y ser maravillosos empleados o empresarios. Qué desperdicio y qué lastima que estos jóvenes no sean comprendidos y sean descartados prematuramente como fracasos antes de ellos empezar. Ellos son lo suficientemente inteligentes para saber lo que la mayoría de la sociedad piensa de ellos y son lo suficientemente inteligentes para saber que tienen que sobrevivir en este mundo, a pesar de las bajas expectativas para ellos y no haber sido dado una oportunidad para usar su poder cerebral.

Marian Wright Edelman delinea en su libro best-seller *Ending the Cradle to Prison Pipeline and Mass Incarceration, Poniéndole fin a la ruta cuna-a-prisión y al encarcelamiento masivo* publicado por Common Dreams, que la crisis del encarcelamiento masivo de afroamericanos ha creado una epidemia en la comunidad negra desde la esclavitud y afecta negativa y financieramente no tan solo a la comunidad negra sino al país entero.

Para ser más profunda y específica, Edelman indica:
"Hombres negros tienen un índice de encarcelamiento casi siete veces mayor que el de hombres blancos, y hombres hispanos tienen un índice de encarcelamiento más de lo doble que el de hombres blancos. El encarcelamiento masivo está arrebatando a padres y a madres de sus hijos, y económica y políticamente quitándole el poder a millones al quitarles de inmediato el derecho al voto y la habilidad de obtener empleo y beneficios públicos, en algunos estados, después de cumplirse la sentencia en prisión. Uno de cada nueve niños negros, uno de cada 28 hispanos y uno de cada 57 niños blancos tiene a un padre encarcelado.

El encarcelamiento masivo también se ha convertido en una poderosa fuerza económica y en un gasto para los contribuyentes de impuesto. Presupuestos anuales del estado para sistemas de corrección rebasa los $51 billones y, en promedio, los estados gastan dos veces y medio más por prisionero que por estudiante de escuela pública. Creo que ésta es una política de inversión muy tonta.

El presupuesto federal para prisiones para el año fiscal 2012 fue $6.6 mil millones. Un peligro adicional que impulsa el encarcelamiento masivo es la privatización de prisiones para lucrar. La Corporación de Correcciones de América, Corrections Corporation of America, la corporación privada de prisiones más grande, ha propuesto a gobernadores de 48 estados que ellos administraran sus sistemas de prisión por 20 años con una taza de ocupación garantizada de 90 por ciento. La mayoría de todos aquellos encarcelados han cometido delitos no-violentos".

Dados los casos recientes, Michael Brown en Missouri, Eric Gardner en Nueva York, Earl Gray en Baltimore, y muchos otros casos menos publicitados, se han desarrollado varios planes con recomendaciones por varios grupos y organizaciones que pretenden ser proactivos, preventivos y positivos. Un tal plan es de La Liga Urbana Nacional, National Urban League, que delinea su plan de 10 puntos para una reforma y una contabilidad policiaca en las siguientes recomendaciones:

- Uso extendido de cámaras corporales y en el tablero del vehículo
- Reforma e implementación del Modelo Policial Comunitario del Siglo 21
- Repaso y revisión de políticas del uso policial de la fuerza letal
- Re-entrenamiento comprensivo de todos los oficiales de policía
- Revisión y refuerzo comprensivos de estándares para la contratación de policías
- Apuntar a fiscales especiales para investigar la mala conducta policial
- Reportes mandatorios y uniformes del FBI y auditoria de los incidentes de fuerza letal involucrando a todos los agentes policiales
- Creación y auditoria de la base de datos nacional de quejas civiles contra la policía

- Revisión del sistema nacional de acreditación policial para uso mandatario por todos los agentes policiales para ser elegible para fondos federales
- Ley nacional comprensiva contra perfiles raciales

UNA CRISIS

Nuestras vidas no sólo se tratan de nosotros mismos, sino de otros también, especialmente la juventud y cuántos podemos salvar e inspirar. Estados Unidos enfrenta una crisis por que los *Baby Boomers* (personas nacidas entre 1946 y 1964) están envejeciendo y hace unos años llegaron ya a su edad de retiro. En los próximos trece años, la mayoría de ellos (de nosotros, ya que soy parte de la primera ola de *Baby Boomers*) pasarán al retiro. Este éxodo masivo creará una crisis y exige una respuesta a la pregunta vital: ¿Quién reemplazará el gran número de *boomers* y llenará las posiciones que dejarán vacías? Estas incluyen las de doctores, abogados, ingenieros, maestros, trabajadores sociales, enfermeros y muchas otras posiciones importantes. Ya hemos visto una escasez de muchas posiciones en el campo de la enseñanza.

Muchos sistemas escolares no tienen otra opción más que importar a maestras extranjeras de varios países para llenar las posiciones, algunos que pueden no dominar el inglés muy bien, haciéndolo difícil para muchos estudiantes entender lo que se les está enseñando. De por sí es un reto para muchos estudiantes aprender y mantenerse enfocados con un/a maestro/a que entienden bien, pero este reto adicional bien puede ser la última instancia que crea pesimismo en los estudiantes. Ellos pueden internalizar la falta de entendimiento y pensar que ellos son los tontos y no pueden aprender, así que ¿para qué tratar? Especialmente cuando el/la maestro/a tampoco puede entender a los estudiantes —ya sea su inglés o sus expresiones coloquiales o el albur común en esa comunidad.

De manera que debemos salvar y educar a TODA nuestra juventud. Los padres, los maestros, y los mentores juegan un papel vital en el desarrollo de un niño, ya sea lo hagamos porque creemos que los niños merecen un chance o porque creemos que tienen potencial latente y por verse, y porque queremos ayudar. La realidad es que es un deber asegurar que ningún estudiante fracase; el fracaso de estudiantes que necesitan reemplazar a las personas retiradas no es una opción. Todos deben sobresalir.

Se necesitan estrategias para enseñar sobre las diferencias y programas comunitarios de mentores para alcanzar y seguir a estudiantes de la cuna a la tumba y así asegurar su triunfo en la escuela y en la vida. De lo contrario, los resultados se convertirán en una crisis económica para el país entero, al igual que en una amenaza en la comunidad. La crisis afectará a la nación entera, y nos convertiremos en una nación en riesgo.

La razón por la que abrí La Casa de Tía Hattie era para poder criar a jóvenes en el sistema de cuidado temporal y proveerles a estos jóvenes maltratados y abandonados una oportunidad de ser todo lo que pueden ser, especialmente el joven negro. Aprendí a través de mis experiencias como maestra de escuela pública de educación especial para niños –mayormente hubo niños negros en mis clases, como lo noté antes– de las tantas declaraciones negativas y de las bajas expectativas que se les decía a los padres de estos estudiantes con necesidades especiales y de los niños-acogidos. Declaraciones como: "Su hijo no debe de estar en mi salón de clase porque…"; "Yo no puedo enseñarle a su hijo…"; "Toma mucho tiempo y energía enseñarle a su hija…"; "Su hijo causa problemas…"; "Su hija tiene el trastorno de hiperactividad…"; "Su hijo debería tomar medicamento para portarse bien…"; "Su hija es bi-polar…"; "Es una pérdida de tiempo enseñarle a su hijo porque no va a llegar a ser nada".

Mi postura es que todo niño merece una educación. Ellos merecen el derecho de ser respetados y queridos. Me perturba cuando veo a jóvenes que no deben de estar en la educación especial simplemente porque los etiquetaron o los diagnosticaron mal, o las dos cosas.

Usaré un estudiante mío llamado John como ejemplo. La escuela lo había etiquetado "chico malo". Los maestros se ponían en retaguardia en su presencia. Aparentemente él tenía control de sus compañeros y de la escuela. John hacía lo que quería y venía a la escuela cuando quería. La escuela comenzaba a las 7:30 a.m., pero John llegaba eso de las 10 a.m. e interrumpía la clase. Le encantaba ser el payaso del salón o empezar peleas con otros estudiantes. Noventa por ciento del tiempo se miraba enojado o con una cara triste.

Muchos de los estudiantes en mis clases eran etiquetados inadaptados y eran de los proyectos de vivienda pública y habían sido dejado solos para defenderse. Dado que la escuela no quería atenderlo, pasaron a John al siguiente grado a pesar de sus malas calificaciones.

Un día, me cansó la tardanza de John y su interrupción y dominio de mi clase. Me paré frente a él e indagué por qué llegaba tarde, y lo regañé por interrumpir la clase al entrar. Me vio con la peor de las miradas y me respondió, "Chin__ su madre".

Las palabras me parecían tan extrañas que sin darme cuenta ya tenía a John agarrado por el cuello de su camisa y contra la pared. Le hablé en voz lenta y gruesa para que entendiera que iba en serio la cosa. Lo miré a los ojos con un brillo peculiar, como si me poseyera el mismo demonio que lo tenía a él, y le dije: "JAMÁS uses lenguaje así en mi salón de clase. Muéstranos respeto a tus compañeros y a mí. Tú eres mejor que esto. ¿Entendido?"

Su mirada de shock fue inolvidable. Cuando lo solté, él se resbaló lentamente al piso y comenzó a llorar. Aparentemente, nadie lo había regañado con "amor duro" antes. Yo no pude evitarlo, y comencé a llorar también. Fue algo de este joven no muy alto y de nariz chata y exterior rudo que me ablandó el corazón y me hizo sentir empatía por su jornada. Podía ver que muy dentro, él sólo quería amor y atención, aunque fuese atención negativa. Él estaba pidiendo ayuda, pero parecía que nadie lo escuchaba.

Sin pensarlo ya estaba yo agachada con John, para darle un abrazo y palmada en la espalda, sin decir nada, sólo darle un abrazo compasivo, un abrazo de consuelo, un abrazo por todos los tiempos que se le negaron abrazos, y un abrazo de perdón, para dejarle saber que empezábamos de nuevo. Él le decía de disparates a una sociedad que lo había descuidado. Él era un joven que estaba tratando de sobrevivir en un ambiente que ya lo había descartado, donde ya no podía hacer nada bien.

Todos estos sentimientos hicieron que yo mirara los ojos llorosos de John y viera su alma, que me dijo quién era y de quién era hijo —era un hijo de Dios.

Cuando los otros estudiantes vieron mis lágrimas y me vieron abrazar a John, varios de ellos se acercaron y me preguntaron si estaba bien. Cuando respondí que sí, uno de los estudiantes se agachó para abrazarme y después también abrazó a John. Poco después, otro estudiante me abrazó y también abrazó con el otro brazo a John. Los demás estudiantes siguieron y se unieron al abrazo en grupo. Momentos después, ordené a la clase regresar a sus asientos. Les di Kleenex a todos; también estaban llorando. No sé si entendían de verdad por qué lloraban, o por qué lloraba yo, o por qué lloraba John. Pero sí sé que sintieron el amor en ese salón de clase y querían ser parte de ello.

John fue un nuevo estudiante después de ese día. Él y yo establecimos una potente conexión. Él ya no llegó tarde, comenzó a poner atención y a obedecer en la clase y eventualmente sobresalió en todas sus materias. Se convirtió en uno de mis mejores estudiantes. Fue profundamente grato ver a John cambiar y pasar de ser el abusón, o *bully,* que todos temían a un joven caballeroso, gentil, productivo, que se esforzaba. He visto a tantos estudiantes de este tipo a lo largo de los años, descartados por la escuela o la comunidad o la sociedad como un "chico malo" o "de alto riesgo", o "busca pleitos", "retrasado" o "disfuncional", y otras cosas como excusa para no enseñarle o exigirle más.

Por ende, estos estudiantes o rebasan las expectativas o no las alcanzan. Hacen de la realidad lo que se espera de ellos, ya sea negativo o positivo. Qué desperdicio de potencial humano, lo cual no podemos dejar que siga sucediendo en nuestra sociedad —especialmente ahora que estamos en el precipicio del masivo éxodo de retiro de los *Baby Boomers* del mercado laboral.

Mi pregunta para la sociedad es, ¿qué hace que la gente sea tan volátil? Tendemos echarle la culpa al ofensor, pero el conflicto también puede resultar cuando una persona siente falta de amor, experimenta maltrato o mala comprensión, o no se le da oportunidad o una segunda oportunidad. Ellos se sienten sin esperanza y demuestran una actitud de derrote, "¿Para qué tratar?"

Como maestra de tantos años, el ser testigo de esto y el gran énfasis en *los cliques* y en la exclusividad en el salón de clase, hizo que les enseñara a mis hijas, desde niñas, que hicieran amigos con los estudiantes que no parecían ser populares, que tal vez no vestían ropa tan bonita que la de los otros, o que siempre estaban solos. Les decía que se imaginaran cómo se sentirían ellas si no tuvieran con quien hablar.

Muchas veces mis hijas regresaban a casa emocionadas. Ellas me explicaban cómo habían hecho nuevos amigos ese día y la reacción de sus amigos populares y los demás estudiantes. Mis hijas se dieron cuenta que su amabilidad y un simple "Hola" hacía sentir alegre a un estudiante menos popular. Ellas también me decían que sus amigos populares también seguían su ejemplo y saludaban a esta persona también. Les dije a mis hijas que tal vez parecía una cosa pequeña lo que habían hecho, pero que probablemente le cambió la vida por completo a esa persona.

CAPÍTULO 9

Madres y padres mentores

*Díme algo y se me olvida, enséñame algo y tal vez
lo recuerde, házme partícipe y aprenderé.*
– **BENJAMIN FRANKLIN**

Definición de un/a mentor/a: Según el diccionario *Merriam-Webster*, un/a mentor/a es una persona que enseña o ayuda y guía a otra persona con menos experiencia y a menudo más joven.

Sinceramente creo que todos tenemos aquel sexto sentido especial que nos permite sentir instintivamente una conexión especial con gente que encontramos en nuestro camino. Estas conexiones pueden ser intermitentes, de corto o largo plazo, pero creo que ciertos individuos son ángeles guardianes, que llegan a nuestras vidas por una razón y un tiempo. Entre más estoy viva, no creo que la gente que conocemos en nuestra vida sea por equivocación o coincidencia; pero que todos ellos están aquí por diseño y son parte de la imagen más grande de nuestro propósito de estar aquí en el planeta. Algunos lo llaman Karma, otros lo llaman casualidad, pero yo lo llamo El Favor o La Gracia de Dios en nuestras vidas.

Creo que si solo nos detenemos y nos ponemos a pensar retrospectivamente en todas las personas que hemos conocido, con las que hemos interactuado, que nos dijeron o hicieron algo para alentar nuestro espíritu o motivarnos a seguir moviendo hacia adelante en nuestras vidas, estoy segura que podríamos nombrar muchos ángeles guardianes.

Este capítulo de mi libro sobre Madres y Padres Mentores sería demasiado largo y llenaría mi libro de memorias por completo si mencionara a todas las personas que he conocido en mi vida y a quien estimo ser ángeles guardianes que encontraron gracia en mí y me ayudaron en el camino. Sin embargo, dado el límite de espacio, haré mención de solo algunos de los mentores más prominentes que he tenido. Estas personas dramáticamente han tocado mi vida e influido en mí. Compartiré en breve cómo estas personas dejaron una huella indeleble en mí, pero de ninguna manera mis palabras pueden hacerle justicia al gran impacto que tuvieron ellos en mi mente, en mi corazón y en el alma de la persona que soy hoy.

La verdad más interesante y profunda es que muchos de estos mentores no sabían que yo los estaba buscando y observando, o que estaba emulando alguna característica, rasgo, habilidad o manera de ser que ellos tenían y que yo admiraba, respetaba y deseaba adquirir como parte de mi persona positiva y de bien. Con algunos de mis mentores fue una relación no hablada, o un sentimiento de que ellos habían encontrado gracia en mí y se convirtieron en mi mentor y yo en su estudiante –sin que nadie mencionara la palabra "mentor" o "estudiante". Otros me tomaron bajo su ala y me enseñaron las riatas, como se dice, en nuevas situaciones o posiciones de trabajo.

He encontrado que la mayoría de las veces, personas exitosas lo consideran un honor y un acto de adulación cuando alguien quiere ser como ellos. Por ende, más personas deben tratar de buscar mentores temprano en la vida y a lo largo de ella. Encontrarán más ayuda de lo que imaginan.

He listado algunos de los mentores laudables en orden cronológico de cuando los conocí y para nada en orden de su importancia:

"MAMA" (HILDA "TEENIE" NEAL)

Mama, como yo la llamaba, fue mi adorable madrastra. No descubrí que ella no era mi madre biológica hasta los doce años. Para mí, el título de "madrastra" no le hace justicia a Mama, que fue la madre mas cariñosa y amorosa que alguien puede tener. Su amor en mi infancia fue tan profundo y cálido que tuvo un impacto duradero en mi vida y en el tipo de persona y madre que soy.

Sus expresiones de fe y afecto hacían sentir especial a todos los que estuvieran en su presencia. Yo pensaba que era yo su hija favorita, pero descubrí a través de mi vida y de mis otros hermanos que ellos también sentían ser el favorito. Esto fue una gran revelación y un maravilloso regalo, saber que ella hacía a todos sentirse valorados. Este es uno de los tantos rasgos más cálidos de ella que trata de emular en mi vida.

SRA. MAMIE DELL BROWN

La Sra. Brown fue mi primera maestra en la escuela primaria de dos cuartitos, Levi Elementary School en Green Bay, Virginia de primer a cuarto año (1953 a 1957). La Sra. Brown me inspiró a ser maestra más adelante en la vida.

Ella también fue una maestra amorosa y cálida que utilizaba diferentes modales de enseñanza y aprendizaje para alcanzar a todos sus estudiantes. No había estudiantes que se colocaran en un salón de educación especial o que eran descartados como incapaces para aprender. En retrospectiva, ella estaba practicando la diferenciación de instrucción y *"No Child Left Behind,* Ningún Niño Se Queda Atrás" antes que fuera un mandato del congreso sesenta años después. En otras palabras, mucho de lo que necesitaba aprender sobre la enseñanza y el aprendizaje, y que fui a la universidad para aprender, realmente lo aprendí en el salón de clase de campo de la Sra. Brown en aquella escuelita de dos cuartos.

TÍA HATTIE (HATTIE KINDRED FENNER)

Tía Hattie, por quien me nombraron, es la matriarca del lado de mi mamá biológica porque sus otros hermanos han fallecido –Tías Mattie y Arrie, y Tíos Lorenzo y Roy. Pronto ella cumplirá 91 años. Ella aún vive en su propia casa y tiene una riqueza de historias de familia y de la vida y experiencias que contar. Estoy inmensamente agradecida que ella se sintió en confianza conmigo cuando la entrevisté recientemente para este libro y compartió los secretos profundos y prohibidos que había mantenido en silencio por tantos años.

Por siempre estaré agradecida con ella por abrir sus puertas y quedarse con mis hermanos y conmigo cuando cerraron las escuelas en Prince Edward County.

AUDREY BAILEY MEREDITH

Audrey es mi hermanastra mayor. Su madre fue mi querida madrastra, a quien también nombre como una de mis mentoras. Audrey es mi mentora, consejera, porrista y modelo a seguir. Además de haber tenido el favor y la gracia de su madre cuando yo estaba creciendo en Meherrin, yo también fue amiga íntima de Audrey, cuyo apodo era "Tootie Boo". Ella nos peinaba a mis hermanas y a mí todos los días antes de ir a la escuela y se tomaba el tiempo para alabarme por algo que estaba haciendo o había hecho, o por los buenos modales que tenía. Conociendo la persona dada y generosa que es, ella probablemente hizo lo mismo con mis otras hermanas. Pero yo me hice de la idea que ella me daba a mí más afirmaciones positivas y aliento.

Ella me enseñó muchas habilidades que recuerdo hoy día. Ella me enseñó cómo planchar bien una camisa o blusa y cómo hacer ensalada *coleslaw* de col fresca. Ella también hacía que recitara las tablas de multiplicar y los estados de los E.E.U.U. y otra información pertinente mientras me peinaba. A Audrey le encantaba bailar y recuerdo varios bailes que ella me enseñó como *the stroll* y *mash potato* de *American Bandstand*. Al retirarse se hizo miembro de la junta directiva de La Casa de Tía Hattie y ha sido la directora de la junta los últimos años. Ella y muchos de sus hermanos van a la iglesia Zion Baptist Church en Baltimore donde el Pastor Marshal Prentice y la congregación han brindado su apoyo. Palabras no pueden expresar la maravilla y el aprecio que le tengo por haberme dado tantas lecciones de vida y recuerdos y por haberme enseñado tanto.

HELEN H. CLARK "TÍA HELEN"

Esposa del finado Reverendo Doctor Bishop Herman Clark "Tío Herman". Ella me animó a ocupar varios cargos en la iglesia. Encontré favor con ella y Tío Herman y fui designada y rotada como maestra de la escuela de domingo para todos los adolescentes. También fui anunciadora de la iglesia, corista, ujier, superintendente de la escuela de domingo y otros cargos más.

La enseñanza de entrenarnos de adolescentes cómo organizar actividades comunitarias fueron lecciones de por vida. Su familia me acogió cuando tenía yo seis meses de embarazo con mi primera hija, Charrell, mientras mi esposo estaba en el extranjero con la Marina. Tía Helen estaba completando su maestría en enseñanza y me enseñó a hacer investigación. Primero me enseñó cómo hacer una bibliografía en tarjetitas de 5 × 7. Después me enseñó cómo transferir los datos de las tarjetitas al cuerpo de la tesis. Me enseñó cómo escribir a máquina en una máquina de escribir Corona (tiempo antes de las computadoras).

Estas fueron lecciones que llevé conmigo cuando obtuve mis grados de maestría y de doctorado, más tarde; como lo hicieron también sus hijos, Dr. Vernon Clark, Dr. Herman Clark y Dra. Phyllis Clark.

DRA. VELMA SPEIGHT-BUFORD

Dra. Speight fue la superintendente asistente estatal de la División Compensatoria del Departamento de Educación del Estado de Maryland que me contrató cuando regresé a EUA después de vivir en Escocia y estudiar en la Universidad de Glasgow. Ella encontró gracia en mí. Rápidamente la consideré mi mentora y un ejemplo a seguir. Ella fue impresionante como la primera mujer superintendente asistente estatal (falta mencionar la única mujer negra). Ella fue inteligente, de buen vestir y una líder estatal fantástica.

Vi cómo esta elegante dama interactuaba con todos los superintendentes del estado y era muy bien respetada, a pesar de ser franca. Tenía puestos guantes de pelea de seda mientras cumplía con las regulaciones federales para la división compensatoria al asegurar que las agencias locales educativas (Local Educational Agencies, LEAs) estaban implementando estas leyes adecuadamente.

Ella me enseñó ser dura con cumplir la ley federal, pero también ver cómo proveerles a los superintendentes asistencia técnica, primero, y mostrarles exactamente lo que yo, como líder, buscaba en ellos y demostrarles cómo evaluar sus principios. También, me enseñó a identificar si una escuela había gastado los fondos federales como suplemento –al presupuesto regular de enseñanza en vez de gastarlo en lo que se refería como suplante. Ella me mandó a representarla en varias reuniones y conferencias a lo largo del Estado y a dar palabras de inspiración de su parte; inclusive di uno o dos discursos por ella.

Se referían a mí como "Dra. Velma Speight, Jr.", lo cual era un gran alabo para mí. Gente me decía que yo actuaba y hablaba igual que ella. Y que me vestía igual que ella. Ella me enseñó a vestir profesionalmente como una mujer ejecutiva –trajes hasta la rodilla, blusas modestas, suficiente maquillaje, ninguna distracción de uñas de colores escandalosos– y otros detalles profesionales. Dra. Speight era una persona con clase que hablaba rápido, y que era energética y entusiasmada; creía en su causa y amaba lo que hacía. Yo admiraba cómo esta mujer ejecutiva negra podía comandar tanta admiración y tanto respeto de todos los superintendentes del Estado, todos quienes eran blancos, excepto el de Baltimore City.

Su doble carrera en matemáticas y francés en North Carolina Agricultural and Technical State University (A&T), la ayudó a forjar una capacidad intelectual abstracta para analizar una situación y expresarse, de vez en cuando, con expresiones y tonos franceses que yo encontraba fascinantes. Al hablar ella francés de vez en cuando me inspiró a hablar más griego a mí, que había aprendido cuando viví en Grecia por dos años –aunque ya he olvidado mucho griego ya que no lo uso; bien dicen si uno no usa algo, se pierde.

Después de retirarse del Departamento de Educación del Estado de Maryland, ella regresó a su hogar en Greensboro, North Carolina y permaneció activa sirviendo a su alma máter, A & T University, como directora de la Asociación de Egresados y la primera mujer miembro de la junta directiva, y otros roles de liderazgo. Dra. Speight-Buford, también conocida como "Srta. Orgullo Aggie" fue recientemente incluida en el Salón de Fama Nacional de Egresados de Colegios Negros, the National Black College Alumni Hall of Fame.

Yo la escogí para ser mi mentora y ejemplo a seguir, porque su tutelaje de liderazgo ayudó a prepararme para mis siguientes posiciones de liderazgo como asistente superintendente de escuelas y vice-presidente de una universidad. Observé su capacidad organizativa y administrativa y su desarrollo profesional y vi de primera mano cómo tomaba decisiones que eran justas y efectivas y reflejaban un pensamiento iluminado hacia el futuro. Mi estilo de liderazgo, ciertas particularidades y otras capacidades son una buena réplica de mis gratos recuerdos del carisma, intelecto y estilo de la Dra. Speight.

DRA. GERALDINE WATERS

Cuando llegué a Coppin State University (CSU) por un año de las Escuelas Públicas de Baltimore City, Baltimore City Public Schools (BCPS), conocí a la Dra. Geraldine Waters. Inmediatamente me impresionaron su sonrisa y su personalidad amistosa al igual que su estilo de enseñar y su bella caligrafía en el pizarrón y sobre el papel. Como superintendente asistente, yo entraba y salía de tantos salones de clase y me daba cuenta de la falta de buena ortografía –nada comparado con la letra de la Sra. Brown– de manera que la letra de la Dra. Waters atrajo mi mirada. Ella también fue una verdadera profesional con un espíritu maravilloso, servicial y colegial.

Ella parecía estar impresionada y orgullosa de mí y estuvo disponible para mí cada vez que pudo como compañera de la facultad. Cuando me hicieron vice-presidente, ella abiertamente demostró su orgullo como si hubiera sido yo parte de su familia. También trabajé con unas de sus hermanas, Shirley, quien trabajó duro y sintió gran compromiso con Coppin. Su otra hermana, Velma, que trabajaba para el Departamento de Servicios Sociales, fue instrumental en asistirme con mi licencia estatal para la casa de crianza temporal. La Dra. Waters me apoyó en un número de actividades y eventos, y yo trato de hacer lo mismo por ella y su familia.

DRA. DOROTHY IRENE HEIGHT
(24 de marzo de 1912–20 de abril de 2010)

La Dra. Height fue presidente por más de 40 años del Consejo Nacional de Mujeres Negras, National Council of Negro Women

(NCNW), y presentemente es presidente emérito. Yo me sentí honrada y orgullosa de haber recibido el Premio Humanitario por Servicio a la Comunidad de NCNW en 2009. Sentada junto a Dorothy Height durante el programa, tuve yo el tiempo de hablar más con este icono, pero más importante, tuve el tiempo para escucharla y beneficiar de sus consejos. Siempre recordaré sus palabras de aliento y apoyo cuando me dijo que sabía de mi desafío de cinco años de cuando estaba tratando de construir la nueva casa de crianza temporal en Sandy Spring.

Con ese fin, me retó y me dijo: "Continúa teniendo pasión y compasión por tu causa, y después sé persistente con tu plan y propósito. Nunca abandones las causas que te apasionan". Aquellas palabras fueron sumamente motivadoras para mí y le dieron a mis alas el alce que necesitaba para persistir un año más para poder terminar y abrir la casa de crianza temporal para niños-acogidos en 2010 –una jornada que al final tomó seis años.

Me sentí muy privilegiada al haber sido nominada para este premio por mi sección de NCNW, Potomac Valley Section (PVS), bajo el liderazgo en aquel entonces de presidente Ida Fletcher, y el Comité de Alcance Social, dirigido por Jeanette Wolfe. Ellas reconocieron el trabajo de La Casa de Tía Hattie con niños-acogidos con necesidades especiales que corren peligro de fracasar sin intervención. Los miembros de NCNW–PVS han apoyado firmemente a La Casa de Tía Hattie, no tan solo con donaciones, pero también con su tiempo y su talento para ser voluntarios y patrocinar cenas de Día de Acción de Gracias, parrilladas para programas de lectura en verano, regalos de Navidad, y mucho más.

Mientras que la reina Isabel es la reina más increíble y bien vestida de Inglaterra (de hecho, a quien admiro y conocí cuando viví en Escocia), los atuendos muy bien coordinados de la Dra. Height me hacían considerarla a ella mi reina. Para mí, ella era la reina de Estados Unidos, porque se comportaba de una manera real y tan sofisticada y accesible. Ya que fui afectada personalmente por la era de segregación, me impresionó aprender que ella trabajó con el Dr. Martin

Luther King y estuvo con él en el podio cuando él recitó su famoso discurso "Tengo un sueño" en 1963 (yo cursaba el segundo año de preparatoria en aquel entonces). Tiempo después, los presidentes Bush y Clinton la dieron un reconocimiento, y cuando falleció el presidente Barack Obama la llamó "la madrina del movimiento de los derechos civiles y una heroína para tantos estadounidenses".

Finalmente, admiro tanto unas de las citas de la Dra. Height que dice, "La grandeza no se mide por lo que un hombre o una mujer ha hecho, sino por la oposición que ha vencido para realizar sus metas".

VICTORIA ROWELL

Seleccioné a Victoria para mentora porque estaba (y estoy) impresionada con ella y agradecida porque dio de su tiempo para ser presentadora pro bono en la fiesta del décimo aniversario de La Casa de Tía Hattie. Ya que ella misma fue una hija-acogida, ella se conectó a nuestra misión y programa de ayudar a criar niños y fue muy receptiva cuando la conocí por primera vez. Nos conocimos en una recepción patrocinada por Freddie Mac en Washington, D.C. donde ella era la oradora invitada y estaba autografiando copias de su libro *The Women Who Raised Me, Las mujeres que me criaron* (2007). Cuando le pregunté si le gustaría venir a hablar a nuestro décimo aniversario, ella llamó a su publicista para que obtuviera mi información y checará su horario.

Sinceramente, pensé que yo no volvería a saber más de ella después de esa noche. Para mi sorpresa, recibí una llamada unos días después de la publicista preguntándome sobre las fechas y la logística del evento. Afortunadamente, su horario permitió que ella viniera a Baltimore a ser nuestra presentadora. Fue fantástico saber que su horario le permitía asistir a nuestro evento, sin embargo, yo tenía que saber el costo de su visita para ver si podíamos proceder. En aquel momento, la Srta. Rowell estaba de gira nacional realizando y abogando por los niños en el sistema de crianza temporal, patrocinada por The Freddie Mac Foundation (FMF). Esta fundación de perfil nacional, acordó cubrir por La Casa de Tía Hattie todos los costos de honorario, viaje y viáticos para que la Srta. Rowell fuera la presentadora. No podía creer lo que había escuchado.

No hace falta decir, el comité de gala y yo estábamos súper emocionadas y nos sentimos muy favorecidas porque esta mujer estadounidense—una popular actriz, danzante y abogada de niños-acogidos— iba a ser la presentadora del décimo aniversario de La Casa de Tía Hattie. Fue increíble también saber que una fundación tan notable como FMF iba a brindarnos los fondos para cubrir los gastos. Victoria Rowell es muy conocida por protagonizar a Drucilla Winters en la telenovela "The Young and the Restless", y a Amanda Bently (medica patóloga) del drama de televisión "Diagnosis Murder". Hay más papeles en películas que realizó, pero fue su experiencia como niña-acogida y su nuevo papel de autora lo que eran de mayor importancia conforme ella compartía su compromiso de corazón y abogaba por los niños criados en el sistema de crianza temporal, así como ella, y los inspiraba.

Cuando la recogí del aeropuerto el día de la gala, me impresionó su interés genuino en nuestro programa y lo que me había llevado a abrir una casa de crianza temporal para niños en el sistema de crianza temporal. Ella quería saber más sobre La Casa de Tía Hattie, cómo seleccionábamos a los niños, y sobre los retos que habíamos enfrentado en criar a estos jóvenes. Ella compartió un poco acerca de su niñez en el sistema de crianza temporal y cómo sobresalió; y que mis hijos-acogidos podían hacer lo mismo. Yo ya había leído su libro cuando la conocí, de manera que entendí cómo y por qué ella empatizaba con nuestra causa de criar a niños en el sistema de crianza temporal.

Aunque exhausta, ella se quedó al final a tomarse fotos con participantes de la gala. Otro acto sincero y compasivo fue cuando sus libros no llegaron a tiempo para la gala, ella se quedó trabajando hasta las 3 A.M., autografiando todos los libros comprados esa noche en la gala. Esa noche ella dejó una huella indeleble en mí y en todos que la conocieron, razón por la cual la nombré una de mis mentoras y la quería resaltar en la portada de mi primer libro. A ella no se la ha olvidado de dónde vino; y más importante aún, ella creó una fundación para hacer algo y ayudar a jóvenes-acogidos a navegar el sistema de crianza temporal y salir de él.

GRACE NEAL
(Recién fallecida desde la impresión de esta edición revisada)

"Mamá", como la llamamos mis hermanos y yo, fue nuestra última madrastra –se casó con mi papá en 1989. Ella fue muy dulce y amable con todos los hijos de mi papá e incluso con mis dos hijas de chiquitas. Cuando visitábamos a Papá en días festivos y en ocasiones especiales, como el Día de los Padres o su cumpleaños, ella siempre nos hizo sentir en casa y adoró a los nietos.

Recién cumplidos sus 90 años, ya no podía viajar y visitarnos como solía hacer, pero aún así se mantuvo al tanto de todos nosotros, incluyendo mis hijas, Charrell y Cheryl. Mis hijas la llamaban "Abuela", y Charrell cada año le mandaba su foto familiar de Navidad para que estuviera al tanto de Cameron y Reagan, sus bisnietas, y así saber como iban creciendo y progresando en la escuela y sus actividades.

La historia favorita de Mamá que siempre contaba era la de mi hija menor, Cheryl, de cuando ella tenía cuatro años e hizo que le diera un pedazo de pastel bien sabiendo que no podía comer uno antes de la cena. Desde ahí supo que Cheryl iba a ser abogado algún día. Es más, Cheryl mencionó esta historia y su motivación para ser abogado en sus ensayos en la escuela de leyes. A pesar de que Mamá tenía hijos propios (Charlene, Wesley y Saundra) cuando se casó con Papá ella nos trató a todos con gentileza, afecto y atención. Ella iba a la iglesia fielmente y fue querida por todos. Debo decir, que realmente he sido bendecida con las esposas (madrastras) que mi papá eligió y que han sido "madres mentoras" en mi vida.

EMILY VAIAS

No puedo decir lo suficiente de esta joven comprometida que ha sido el abogado pro bono y un "ángel guardián" de La Casa de Tía Hattie durante los últimos diez años. Emily no es tan solo un abogado, es también socia del bufete Linowes and Blocher Law Firm, y ha sido muy generosa con su atención, su apoyo y su compasión todos estos años. Ella también consultó con un sinfín de abogados en su bufete cuando enfrentábamos retos y obstáculos para construir la nueva casa de crianza temporal en Sandy Spring. Mi buen amigo y "hermano" Jeff Donahue –miembro de mi clase de 2004 de liderazgo, Leadership Montgomery (LM)– me presentó a Emily; ella fue miembra de otra clase de LM también.

Emily comenzó representando La Casa de Tía Hattie a lo largo del proceso de solicitar los bonos de asistencia y continúa asistiendo a La Casa de Tía Hattie en numerosos otros asuntos legales –de reuniones con otro equipo pro bono (James T. Meyers de GTM Architects y Steve Tawes de Loiderman-Soltez Engineering Firm) que Jeff trajo a la mesa; a revisar los contratos de construcción y ayudar con el papeleo para obtener un préstamo. Después de que se completó y se abrió la casa de crianza temporal en 2010, ella continuó representando La Casa de Tía Hattie en cualquier asunto que tenía que ver con contratistas, e inclusive donó de sus fondos personales y obsequió regalos a cada uno de nuestros niños-acogidos.

Cuando el Estado no renovó nuestro contrato, ella preparó una apelación en nombre de La Casa de Tía Hattie y representó la organización en la Junta de Apelaciones, Board of Appeals. Inclusive ahora, que la casa de crianza temporal de Sandy Springs ya cerró, ella continúa ayudando a La Casa de Tía Hattie con la comunicación regular con el abogado del banco, y asistir a las reuniones y preparar propuestas de La Casa de Tía Hattie para que la junta directiva las presente al banco. Considero a Emily una persona excelente y una gran simpatizante de La Casa de Tía Hattie y de la causa, y también una gran amiga.

No hay suficientes palabras para agradecer totalmente aquí, a Emily y a su bufete entero (que no desean ser reconocidos), y darles el crédito que tanto merecen por todo lo que han hecho. Estoy bendecida de haber encontrado favor con ellos y saber que están en mi camino por una razón: para ayudarme a realizar la labor de Dios.

PADRES MENTORES

EL FINADO REVERENDO DR. HERMAN CLARK
(Cariñosamente conocido como "Tío Herman")

Fallecido ya. Tío Herman (y su esposa, "Tía Helen", mencionada en Madres Mentoras anteriormente) fue pastor de la iglesia New Hope Church of God in Christ (COGIC) en Norfolk, y fue mi pastor desde el noveno grado (circa 1962) hasta muchos años después, inclusive cuando regresé a los Estados Unidos a vivir en Maryland después de vivir en el extranjero. Él y su familia entera se convirtieron en mi familia, y me sentí muy cómoda quedarme con ellos un tiempo cuando yo estaba embarazada con mi primera hija, Charrell, y mi esposo estaba en la Marina e iba estar en el extranjero cuando ella naciera. Él comenzó siendo pastor en una pequeña iglesia –como de 20 miembros (la mayoría familia)–, y eventualmente se pasó a una iglesia más grande –como de 200 miembros–, y después a una iglesia más grande aún –de 2.000 miembros.

No tan sólo fue un pastor extraordinario y un presentador elocuente, pero también fue un visionario de las necesidades futuras de los congregantes de su iglesia y de la comunidad. Para este fin, sin vacilar, él sacrificó las finanzas personales de él y de Tía Helen para ayudar a expandir el alcance y la profundidad de la iglesia en la comunidad. Con la excepción del obispo D. Lawrence. Williams, el obispo Clark fue uno de los mejores predicadores en la organización COGIC. Él tenía estilo, hablaba bien (enunciando sus palabras), obtuvo sus títulos y fue un líder de gran inteligencia y respeto no sólo en la organización COGIC, pero en la comunidad entera. Él y su esposa, Tía Helen, fueron mis mentores profesionales y personales, y me empujaron a realizar el propósito que Dios tenía para mí.

Así como el obispo D. Lawrence Williams, su mentor de COGIC y modelo a seguir, Tío Herman y Tía Helen también firmemente apoyaron el hecho que sus miembros terminaran la preparatoria y atendieran algún programa pos-secundario, ya sea un colegio comunitario o una universidad de cuatro años. Supongo que ese apoyo que brindaban fue una razón más para que yo me aferrara a esta familia en la cual se esperaba que todos sus hijos (Vernon, Herman y Phyllis) fueran a la universidad. Era entendido que la cuestión no era *si* ellos iban a ir a la universidad después de graduarse de la preparatoria, más bien la cuestión era *dónde* iban a cursar la universidad. Al final, todos fueron a la universidad.

Él y Tía Helen fueron los padrinos de mi primera hija, Charrell. Después de todo, fue él quien me llevó al hospital cuando me estaba quedando con ellos y rompí fuente. Su hijo, Dr. Vernon Clark (finado) y su esposa, Ella (ahora Reverenda/Dra. Ella Clark) fueron los padrinos de mi otra hija, Cheryl. Tío Herman también pronunció la ceremonia de bodas de Charrell (después de que ella completó su residencia en medicina) a Sean Thomas (a quien cariñosamente llamo mi yerno "favorito"). Tío Herman fue mi mentor espiritual que me habló de lo espiritual pero que también caminó por el camino celestial y vivió su vida como un ejemplo para todos seguir.

OBISPO D. (DELANO) LAWRENCE WILLIAMS

Pastor de C.H. Mason Memorial Church of God In Christ en Norfolk, sobre la calle Goff –la cual era considerada la Iglesia Madre de Church of God In Christ (COGIC), fundada por el obispo Charles Harrison Mason en 1906. Después de la muerte del obispo Mason en 1961, el obispo D. Lawrence Williams renombró la iglesia en honor al obispo Mason y su memoria, y por respeto a su liderazgo espiritual y su vida.

Mi primer encuentro con el obispo D. Lawrence Williams fue cuando yo era adolescente, y tomó lugar en uno de los renacimientos anuales de la iglesia, lugar popular en el que estar para la comunidad negra. Todos los otros COGIC y otras iglesias venían a la Iglesia Madre durante este renacimiento, llamado convocación. El obispo Williams se convirtió en mi mentor y ejemplo a seguir desde la primera vez que lo conocí. Él fue un ministro y líder comunitario tan inteligente, elegante, articulado y bien vestido, y desde que yo recuerdo, alguien interesado en motivar y a retar a la juventud a completar estudios superiores después de graduarse de la preparatoria. Él tuvo tres hijos (David, Joseph y Samuel) y una hija (Jessie W. Boyette), y ellos nos marcaron el paso a los demás al ir a la universidad.

Él me tomó bajo su ala y me seleccionó para varios cargos en su iglesia, aún cuando yo me hice miembra de New Hope Church COGIC donde mi pastor era Rev. Herman Clark. El obispo Williams aún me eligió para servir en varios puestos locales y regionales, incluyendo participar en varias conferencias regionales en Roanoke, Virginia y en Memphis, Tennessee.

En una tal ocasión, tuve la dicha de viajar a Roanoke con él y con su bella y elegante esposa, que también era alguien a quien emular —me encantaban sus pañuelos y guantes de encaje que nunca olvidaba. Ese viaje probablemente fue mi primer viaje fuera del pueblo y a esa parte del estado. Me sentí dichosa y agradecida de haber viajado con nuestro obispo y la primera dama a esta conferencia regional que incluían a todas las otras iglesias de aquel distrito regional.

En el camino aprendí muchas lecciones sobre cómo funcionan las iglesias y dónde ellos me veían dentro de la iglesia en el futuro. Ellos también estaban interesados genuinamente en mí persona y en mis proyectos futuros. Incluso me hablaron del tipo de joven que necesitaba buscar para casarme y sobre la familia, como creo lo hicieron con tantas jóvenes más en la iglesia. Sin embargo, creo que ellos apuntaban a uno de sus hijos, pero ahí dejaré las cosas. Mi punto es que uno nunca sabe quién va encontrar gracia en uno o por qué, y que estas gracias pueden llegar a ser amistades de por vida que se convierten en relaciones "de familia".

EL FINADO SOUTHALL BASS

Él fue el fotógrafo de la escuela, cuya organización, The Bachelor Benedict Social Club, me seleccionó y patrocinó para el baile de debutantes cuando estaba yo en la preparatoria. Nunca supe por qué encontró gracia en mí y decidió invitar a esta niña de campo a tener una experiencia de Cenicienta. Puede ser que él percató mi tristeza y soledad (extrañaba yo mi casa) y me tuvo pena. Recuerdo cuando primero conocí al Sr. Bass en la secundaria Jacox Junior High; él trató de hacerme sonreír mientras tomaba las fotos de nuestra clase. Yo no tenía ganas de sonreír ni tenía razón para hacerlo.

Él poseía un carisma calmado y cariñoso y me hizo saber que no iba a continuar hasta que yo sonriera. Cuando por fin le di una media sonrisa, él me dijo amenamente que debería de sonreír más porque tenía una sonrisa hermosa. Lo sentí genuino en su estimación, así que sonreí y sonreí y dejé que me tomara fotos. Él se convirtió en mi mentor y venía a visitarme en mi salón de clase cada vez que estaba en la escuela tomando fotos de otras clases.

Pero elegirme a mí para el baile de debutantes fue solo otro de sus gestos compasivos y de servicio a la comunidad. El comité del baile, que consistía mayormente de las esposas de los miembros del club, hizo arreglos para que tomáramos clases de baile de salón y de cultura con nuestras parejas de baile. Sí me sentí como la Cenicienta en el baile, excepto que mi madrastra en casa no era como la mala madrastra de Cenicienta en el cuento de hadas. Es más, era todo lo opuesto.

Mi amor por el baile de salón tal vez brotó de esta experiencia, por la cual siempre estaré agradecida, al igual que por la exposición cívica y cultural que el Sr. Bass y su club le dieron a esta niña de campo que extrañaba Meherrin.

LOS FINADOS JOSEPHINE & ROBERT HILL ("TÍO BOB" Y "TÍA JO")

Heredé una casa con garaje para cinco carros en Sandy Spring en Montgomery County, Maryland, de estos líderes de la comunidad y filántropos renombrados, Josephine y Robert Hill (Tía Jo y Tío Bob). Ya que yo no era familia biológica, siempre me pregunté por qué ellos encontraron gracia en mí y me eligieron para dejarme la propiedad cuando había tantos parientes biológicos merecedores, y que creo esperaban heredar la propiedad.

Cuando le pregunté, "¿Por qué yo?", él simplemente me dijo que no era una cuestión de debate, que él simplemente me estaba informando de una decisión que él y Tía Jo habían tomado hace unos años cuando se enteraron que yo tuve que cobrar mi anualidad para financiar la construcción de la casa de crianza temporal en Baltimore mientras esperábamos los seis meses para saber los resultados de la inspección para la licencia de la casa. Sin decir más, me sentí favorecida y conmovida a hacer algo especial con esta propiedad que sería parte del legado de esta pareja que ya había hecho tanto para la comunidad. En otras palabras, "a quien mucho se le da, mucho se le requiere".

Tío Bob fue el fundador y CEO de Sandy Spring Construction Company y construyó, según me dicen, más de 200 casas para personas, y había financiado la mayoría de éstas. Es más, tenía un libro de fotos de muchas de las casas que construyó, al igual que una libretita de notas donde apuntaba los arreglos de pago de las personas pagando su nueva casa. Él contaba la historia de jugar béisbol y de nunca faltar a la Serie Mundial cuando jugaba Jackie Robinson, su buen amigo e ídolo. Inclusive él tenía una foto en su cartera de cuando fue portador en el funeral de Jackie Robinson.

La cancha de béisbol en Olney, Maryland lleva el nombre "Robert H. Hill Baseball Field", en honor a Tío Bob, cancha en la que el lanzó la primea pelota en tantos juegos. Dado su éxito en la construcción, él tuvo un Rolls Royce y un carro Excalibur, carros que amablemente prestaba para bodas, desfiles y otras ocasiones especiales.

Él también tenía su propia bomba de gasolina junto a su garaje para cinco carros, y con frecuencia él invitaba generosamente a sus amigos y parientes a llenar sus tanques en su bomba. Él fue incluido en el salón de fama Montgomery County Hall of Fame. Fue muy bien querido y respetado en la comunidad, y buscado por políticos y otros lideres de la comunidad por su apoyo. De manera que me siento honrada por haber sido escogida por él y Tía Jo para heredar esta casa que él mismo construyó. Me siento aún más honrada y agradecida por haber convertido esta casa que él construyó en una casa de crianza temporal modelo para acoger y criar a niños en el sistema de crianza temporal –niños que habían pasado a ser custodia del estado, dadas sus situaciones inestables y sin estructura que con frecuencia resultaban en negligencia y en abandono.

Siento que la casa que me legó, que ha sido convertido en una casa de crianza temporal modelo para niños-acogidos, es un ejemplo de la apariencia ideal de una casa de crianza temporal para todos los niños en el sistema, y verdaderamente un legado a él y a Tía Jo, de lo cual estoy segura se sentiría orgulloso.

EL FINADO DR. WALTER AMPREY

El Dr. Amprey fue superintendente de las Escuelas Públicas de Baltimore City de 1991 a 1997. Le doy crédito por haberme contratado en 1992 como una de sus cinco superintendentes asistentes nuevos para estar a cargo del área del noroeste, que consistía de 30 escuelas y 35.000 estudiantes. El Dr. Amprey rápido se convirtió en un líder fiel y en un mentor para mí por su agenda positiva y agresiva para las escuelas públicas de Baltimore City. Él introdujo iniciativas novedosas al sistema escolar y nos retó a estar al tanto de la regulación federal que estaba en el horizonte, y a entrenar a nuestros directores y maestros de escuela para comenzar a implementar las leyes, inclusive antes de que éstas fueran aprobadas por el gobierno federal.

Una tal ley fue la ley de educación especial, Special Education Law (IDEA, Individuals with Disabilities Education Act, ley educativa para individuos con discapacidades), que dictaba que los estudiantes con discapacidades formaran parte del salón de clase normal. Otra ley fue la ley de Titulo 1/Chapter 1 (Título1/Capítulo 1), que otorgó fondos adicionales al sistema escolar para actividades que incluían más análisis crítico para aquellas escuelas que tenían números o porcentajes altos de familias de bajo recursos. Él creía en ser proactivo y preventivo, y no en ser reactivo.

Dado que él nos impulsó a ser creativos al enfrentar retos en nuestros distritos escolares, no me sorprendió cuando él ofreció apoyar La Casa de Tía Hattie en un momento en que yo había logrado trabajar con niños-acogidos y retenerlos en el sistema escolar, y después con niños-acogidos en la educación especial. Le agradezco todo su apoyo cuando implementé varios programas novedosos en mi distrito escolar noroeste para incrementar la asistencia, reducir las suspensiones y mejorar el desempeño académico. También me apoyó cuando me convertí en padre de crianza temporal para cuidar a niños en nuestro sistema que necesitaban un hogar y una buena educación.

La impresión más sobresaliente que él dejó en mí fue su impulso del concepto que él llamaba "Eficacia" en el sistema escolar que delineaba: "Inteligente no es lo que eres; inteligente es lo que puedes obtener, *Smart is not what you are; smart is what you can get*". Él creía que, si estudiantes creían en sí mismos y estaban dispuestos a trabajar duro, ellos podían sobresalir y ser inteligentes. Como resultado, ellos se volvían más inteligentes y desarrollaban mayor autoestima en el proceso.

El Dr. Amprey estaba más avanzado que sus tiempos e incorporó su propia compañía de consulta educativa, Amprey & Associates, y compartió sus habilidades de liderazgo por toda la nación. Aún así, él encontró tiempo para ser mi mentor y aconsejarme en mi cargo de vice-presidente en Coppin, e inclusive él formó parte del comité que planeó el centenario de Coppin. Además, él visitó la casa de crianza temporal para niños-acogidos en Baltimore y compartió su experiencia personal con los niños y los jóvenes, ofreciéndoles su apoyo a través de sus redes sociales, sus palabras de aliento y sus donaciones.

DR. GEORGE TAYLOR Y FAMILIA SOE

Acredito al Dr. George Taylor por haberme llevado a Coppin. Supuestamente yo estaba "bajo préstamo" por un año por Baltimore City cuando era yo la asistente especial del superintendente a cargo del cumplimiento de la educación especial. Escribí y presenté una propuesta para fondos federales a la Oficina de Programas de Educación Especial junto con el Dr. Taylor, que era director del departamento de educación especial en la división educativa (ahora denominada la Escuela de Educación, School of Education, SOE). Ya que Baltimore City estaba en constante decreto en aquel entonces por no servir adecuadamente a los estudiantes con necesidades especiales, mi nuevo trabajo era desarrollar un plan que demostrara debida diligencia y para que Baltimore City alcanzara el progreso de atender todas las necesidades de los estudiantes de educación especial.

Ya que había una escasez de maestros de educación especial, nuestra propuesta era seleccionar maestros regulares y capacitarlos como maestros de educación especial en un programa de maestría. La beca era para entrenar un grupo de 20 maestros regulares por cinco años (rindiendo un total de 100 maestros); y en torno, estos maestros entrenados debían comprometerse a enseñar a estudiantes de educación especial en sus clases por lo menos cinco años, para obtener su maestría sin costo. El Dr. Taylor y yo trabajamos hombro a hombro en escribir y presentar la propuesta, y que fuera aprobada e implementada.

De manera que después de que se obtuvo la beca, él me convenció a mí y al superintendente, el Dr. Amprey, que el programa sería implementado diligentemente si yo estuviera presente en el campus y enseñando algunos de los cursos claves. Durante mi puesto en Coppin, Dr. Taylor fue un verdadero mentor al igual que mi jefe cuando me uní a su facultad en el departamento de educación especial. Él es un gran escritor y ha escrito numerosos libros de texto y otros capítulos educativos en otros libros. A lo largo de los años, conforme juntos formamos parte de varios comités, presentamos talleres y entrenamos a maestros, él siempre expresó su aprecio por mi trabajo y me alentó a seguir siendo creativa.

El Dr. Taylor ahora está retirado, después de 44 años de servicio a Coppin, y está disfrutando de este otro capítulo de su vida. Él ha dejado zapatos muy grandes que llenar en el Departamento de Enseñanza y Aprendizaje, y en Coppin en general.

Se le rindió un tributo especial en la celebración de retiro muy bien atendida, escrito en el programa de retiro que decía lo siguiente: "Dr. Taylor, le deseamos prosperidad y un buen viaje en este comienzo de otro 'capítulo' de su vida. Usted ha enriquecido nuestras vidas, simplemente con conocerlo y trabajar con usted, y ha enriquecido tantas vidas más en los más de 44 años que ha servido a Coppin y a la comunidad. Mucho respeto, admiración y aprecio de sus amigos y colegas del departamento de Educación Especial, departamento de Enseñanza y Aprendizaje, toda la escuela de Educación, y la familia Coppin".

DR. CALVIN BURNETT
(Antiguo presidente de Coppin State Unversity)

El Dr. Burnett tomó una decisión sin precedentes al nombrarme a mí la primera mujer vice-presidente de Coppin. Esta decisión inusual fue notable por su confianza en mi capacidad y habilidad de recaudar fondos para esta universidad histórica de tantos héroes olvidados. Yo no tan sólo respeté su intelecto y estilo de liderazgo, sino también me impresionó su compromiso inquebrantable con la universidad, y trabajé duro para mantenerla una institución sobresaliente –aún cuando hubo intenciones sutiles de incorporar la universidad con otras instituciones.

Él siempre me demostró un apoyo incesante por todas mis técnicas innovadoras e ideas creativas para recaudar fondos, como por ejemplo: la primera gala anual; el torneo de golf; boletines mensuales de todas las becas disponibles, su cantidad y fecha límite; ser presentadora de un programa de televisión (*Coppin Pride*, Orgullo Coppin); comprar la primera licencia para radio-internet; establecer un laboratorio para escribir propuestas para asistir a todos los departamentos; coordinar un alto porcentaje de participación en la campaña de United Way; seleccionar muchos nuevos miembros de la junta que sabían cómo recaudar fondos; y más.

Aún después de retirarse tras 32 años dedicados a Coppin, él velaba la universidad y muchas otras instituciones ya que lo nombraron, por un año, secretario de MHEC (Maryland Higher Education Commission, Comisión de Educación Superior de Maryland). Él y su esposa, Greta (Dr. Greta Burnett), se han mantenido amistades cercanas y mentores para mí, y me han apoyado a lo largo de todos mis esfuerzos en Coppin, al igual que en La Casa de Tía Hattie.

REVERENDO DR. HAYWOOD A. ROBINSON, III
Y la Familia TPCBC

El pastor Robinson, su esposa, primera dama Renee, y la congregación entera de The People's Community Baptist Church (TPCBC) han sido mis mentores, familia, amigos y simpatizantes. Ya que Dennis Williams y John Macklin de mi clase de liderazgo Leadership Montgomery 2004 eran miembros de TPCBC, visité un domingo y después decidí hacerme miembra. El pastor Robinson no era el pastor en ese momento de TPCBC, ya que era el pastor de Calvary Baptist en Baltimore. Calvary quedaba a solo unas cuadras de mi casa de crianza temporal para niños en el sistema en Baltimore y muchos miembros estaban muy involucrados con esa casa de crianza temporal y apoyaban mucho.

Mi hija Cheryl asistía a esa iglesia, y yo manejaba de Baltimore a Sandy Spring muchos domingos para escuchar al pastor Robinson predicar (y cantar y tocar el piano). Estaba yo impresionada con los talentos que Dios le dio. Y su esposa, la primera dama Renee, también era tan amable y participaba con las mujeres auxiliares que venían a cocinar para los niños.

Pero ese viaje ocupaba todo mi domingo, así que decidí unirme a una iglesia más cerca de casa. Yo no sabía que este pastor, por el cual manejaba kilómetros para escuchar los domingos, estaba siendo considerado para ser pastor en la misma iglesia a la que ya me había unido en Montgomery County, The People's Community Baptist Church (TPCBC). Tuvo que ser una intervención divina ya que él y la congregación entera abrazaron la idea de construir una nueva casa de crianza temporal en Sandy Spring para poder cuidar más niños en el sistema. A lo largo de cada paso en el camino, especialmente en momentos de retrasos o negación, él y la familia TPCBC continuaron rezando y ofreciendo palabras de aliento e inspiración, al igual que donaciones de la iglesia e individuos. El pastor Robinson me decía que un retraso no es necesariamente una negación, que las cosas iban a pasar cuando debían suceder, y que mantuviera la fe.

A lo largo de los seis años que tomó construir la casa de crianza temporal y después de su apertura, él y su familia de la iglesia han hecho todo –de escribir cartas de apoyo a asistir a audiencias, ser voluntarios, cocineros y patrocinadores de varias actividades y varios viajes y entrenamientos para los niños y los jóvenes. El pastor Robinson también co-dirigió (con el Rev. Dr. Henry Davis, el pastor de First Baptist Church of Highland Park) un grupo de apoyo llamado C-FBI o Coalition of Faith-Based Institutions, coalición de instituciones basadas en la fe, compuesto por unas treinta instituciones de diferente fe para hacer un llamado para: asistir a La Casa de Tía Hattie en criar a los niños del sistema de crianza temporal; dar su tiempo y ser mentor; y brindar talento (tutoría y otros entrenamientos) y/o tesoros (donaciones regulares y consistentes).

El C-FBI se reunía cuatro veces al año y rotaba el punto de reunión entre la casa de crianza temporal para niños-acogidos de Baltimore y Sandy Spring. Invitaban a pastores de otras instituciones a presentar. Para nombrar algunos: Rev. Kecia Ford de la iglesia Sharp Street United Methodist Church; Rev. Kenneth Nelson de Seneca Community Church; Rev. T. Kenneth Venable y primera dama Gene, de Clinton AME Zion Church; Min. La Verne Wilson de Charis Worship Center Ministries; Rev. Lisa Holloway de Circle Fellowship en Riderwood Center en Silver Springs; Sra. Bettie Hoover de Friends Meeting; Rev. Donald Kelly de Olive Branch Community Church; Rev. Marshal Prentice de Zion Baptist Church en Baltimore; presidente de universidad, Dr. Mortimer Neufville de Coppin; y otros más.

La familia TPCBC ha permanecido vigilante y firme en su apoyo de la única casa de crianza temporal para niños en el sistema en Baltimore desde que se cerró la casa de crianza temporal para niños en el sistema en Sandy Spring como resultado de las nuevas iniciativas del estado para reducir el número de casas de crianza temporal para acoger y criar a niños en el sistema de colocación. El pastor Robinson y mi familia TPCBC han mantenido la fe conmigo y continúan rezando para que se realice la voluntad de Dios y se manifiesten Su propósito y Su plan. Considero a todos los miembros de mi familia de iglesia mis mentores y mis "ángeles guardianes", y por ellos me siento muy bendecida y sumamente favorecida.

DENNIS K. WILLIAMS

Conocí a Dennis en mi clase Leadership Montgomery en 2004; rápido nos hicimos buenos amigos y él se convirtió en mi hermano adoptado. También me hice buenas amigas con su mamá (Emma) antes de que falleciera, y con su hermana, Juanita. Él también me presentó con el delegado Herman Taylor, quien patrocinó bonos de asistencia en

Annapolis para financiar en parte la construcción de la nueva casa de crianza temporal para niños en el sistema en Sandy Spring.

Dennis murió de cáncer unos años después (2009) pero dejó mucha inspiración en la iglesia y en la comunidad. Juanita continúa el legado de su hermano y su madre, y sigue apoyando a La Casa de Tía Hattie –es miembro de la junta directiva de La Casa de Tía Hattie y directora del comité de relaciones públicas.

OTROS MENTORES Y EJEMPLOS MODELOS

DELEGADO HERMAN L. TAYLOR
Y la Delegación del Distrito 14

La primera vez que conocí al delegado Taylor fue en 2004, a través de un compañero de mi clase de liderazgo –Dennis Williams, mencionado anteriormente– que le había hablado de mis programas y misión de rescate y crianza de niños en el sistema de crianza temporal en Maryland y de mi visión de construir otra casa de crianza temporal para estos niños en Sandy Spring. Me impresionó que no le tomó tiempo en entender nuestra misión y sentirse apasionado por esta población de niños –así como se apasionaba con otras causas similares que ayudaban a los menos afortunados y a los más vulnerables de nuestro condado y estado.

En aquel entonces, él era un delegado, de dos términos, de la Casa de Delegados representando el Distrito 14, junto con la senadora de entonces Rona Kramer, delegados Karen Montgomery (hoy día, senadora Montgomery), y Anne Kaiser.

En los diez años que he conocido a Herman, lo he visto realizar sus tareas de servidor de la comunidad de manera tan dada e incesante, mientras aboga por tantas causas nobles. Jamás he conocido a alguien que se preocupe tanto por su comunidad y su estado como Herman Taylor. Su energía y devoción no tienen límites y los demuestra en como el siempre sigue adelante en cualquier proyecto que realiza con pasión.

Él adoptó mi proyecto de abrir una casa de crianza temporal para niños en el sistema de colocación, que en aquel entonces no era muy popular con ciertos miembros de la comunidad que preferían ayudar a "este tipo de niños" desde lo lejos en vez de en su propio patio. Él y un equipo de apoyo del pueblo, junto con graduados de mi clase Leadership Montgomery, se reunieron con muchos grupos cívicos y comunitarios para compartir la visión y los planes. Él también patrocinó un proyecto de bonos de beneficio para obtener fondos parciales para construir una tercera casa de crianza temporal en Sandy Spring, y colaboró con otros de nuestros representantes del Distrito 14 que se unieron a él para apoyar los bonos y escribir cartas de apoyo.

Subsecuentemente, Herman ayudó con un gran número de actividades de apoyo: aconsejó a los jóvenes; coordinó viajes; mandó a otros compañeros o empresas a ver el programa y conocer a los jóvenes; estuvo presente para nuestras galas anuales y brindó palabras de aliento en varios programas. Los otros delegados del Distrito 14 y legisladores de Montgomery y del estado también se unieron a apoyar a estos buenos jóvenes del programa.

Aunque ya no es delegado, Herman demuestra de otras maneras su gran compromiso continuo al servir la comunidad de manera más global y sistemática y trabajar con las minorías y las empresas – él es un empresario y parte de una minoría. Toda persona que conoce a Herman acordará que estos son algunos de los atributos que lo caracterizan: es respetado, genuino, dedicado, comprometido, inteligente, apasionado, cariñoso, justo, de confianza, y determinado. Uno puede entender por qué lo considero un mentor-hermano y un gran modelo para nuestros jóvenes seguir.

CLASES DE LIDERAZGO

Necesito dar tremendo crédito y elogios a cada una de las clases de liderazgo que tomé al ocupar puestos de liderazgo a lo largo de mi carrera, después de que regresé para establecerme en Maryland tras vivir en Escocia un par de años. Se me puede considerar "La reina de liderazgo" ya que tomé cuatro clases de liderazgo, la primera en 1994 y la última en 2004. Antes de compartir en breve acerca de cada clase, me gustaría primero decir que cada una de las clases de liderazgo fue estupenda e increíblemente informativa y crucial para la nueva posición de liderazgo en que me encontraba. Altamente recomiendo que todas las personas que son nuevas a una variedad de puestos de liderazgo tomen una clase de liderazgo en el condado o en el estado donde se encuentren su enfoque y sus partes interesadas.

No tan sólo conocí a una variedad de líderes del estado con distintos cargos, pero también llegué a escuchar diferentes perspectivas sobre diferentes temas de participantes de gobierno, empresas, y organizaciones sin fines de lucro. Además, las clases tomaron viajes de excursión a varias partes de la ciudad, del condado y del estado para conocer a las partes interesadas y conocer personalmente los programas y las agencias que los administraban. Conocí a tantos amigos de por vida y a personas que me apoyan a largo plazo, personas que favorecieron mi misión y me ayudaron a hacer mi sueño de lograr hacer una diferencia una realidad.

A. GBC (Greater Baltimore Committee) en 1994:

Mi primera clase de liderazgo fue GBC en 1994 cuando fui superintendente asistente de Escuelas Públicas de Baltimore City, y GBC estaba bajo el liderazgo de Jon Houbolt, el director ejecutivo. Esta clase nos abrió los ojos a las múltiples cuestiones y necesidades que padecía la ciudad y nos retó a todos a pensar en un programa existente o en uno que pudiéramos crear para lograr hacer una diferencia. Este desafío despertó m interés, mi sensibilidad y mi deseo de realizar algo más permanente con más servicios comprensivos para los niños-acogidos que presentemente tenía yo en mi casa y de quien era yo madre de crianza temporal.

Con el ánimo y el apoyo de Jon y de mi clase ("la mejor clase"), encontré el coraje para comenzar la ardua jornada de tres años para satisfacer los requisitos para hacer este sueño una realidad –o sea abrir una casa de crianza temporal para niños en el sistema– a pesar que las estadísticas indicaban que estos niños-acogidos eran la población de mayor riesgo. Jon y mis compañeros de clase me apoyaron paso por paso aún cuando ya había terminado la clase. Varios compañeros se convirtieron en grandes hermanas/hermanos-mentores como Marsha Jews, el Dr. Weldon ("Gary") Fleming, Dana Peterson, y otros.

B. Leadership Maryland en 1997:
Mi siguiente clase de liderazgo fue Leadership Maryland en 1997, bajo el liderazgo de Nancy Wolfe (ahora Nancy Minieri, recién retirada). Tomé esta clase cuando era la nueva vice-presidente de Coppin State a cargo de recaudar fondos, y esta clase de liderazgo me brindó una perspectiva más grande, a nivel estatal, sobre las cuestiones y los problemas y todas las agencias y posibles soluciones que podrían contribuir al éxito de varios programas colaborativos. De nuevo, esta clase ("la mejor clase") estaba compuesta de una mezcla de compañeros de la comunidad empresaria, gubernamental, sin fines de lucro, y cívica; de manera que las conversaciones, discusiones, resoluciones de problemas y acciones eran todas estimulantes.

Utilizando las habilidades colaborativas y redes de mis compañeros de clase de liderazgo de 1997, fui capaz de completar, ese mismo año, todos los requisitos estatales y locales y oficialmente abrir Aunt Hattie's Place, Inc., La Casa de Tía Hattie, una residencia sin fines de lucro para niños en el sistema de crianza temporal. Mis compañeros de liderazgo apoyaron la apertura en febrero de 1997 y la mayoría de ellos continúa siendo parte del proyecto de manera personal o financiera, y por largo plazo.

Debo mencionar la generosidad de John "Denny" Murray (finado) quien encontró gracia en nuestro programa y compró una camioneta para 15 pasajeros para nuestra casa de crianza temporal para niños. Tres años después, nos sorprendió con dos camionetas SUV nuevas. Recuerdo que Denny me dijo, al verme con ojos y boca abiertos, sin palabras y llorando: "Bien, no puedes hablar, así es mejor porque no quería que me dieras las gracias". Después de darnos un gran abrazo en silencio, él simplemente me miró y me dijo: "Me alegra que pueda ayudar. Simplemente sigue haciendo lo que estás haciendo". Él fue una persona maravillosa y generosa que continuó prestando su apoyo hasta que falleció.

Muchos otros compañeros también ayudaron a su manera, ya sea con su tiempo, talento o tesoros, como Kathryn Turner, Scott Wilfong, Dra. Marie Washington, Guttrie Smith, Dra. Charlene Nunley, Wayne Clarke y otros. Amo a mis compañeros de clase de liderazgo y a Nancy, la directora ejecutiva, quien me conectó con estudiantes de otras clases que ella pensaba podían enriquecer el programa y con quien podría colaborar en ciertos recursos.

C. Leadership Baltimore County en 2002:
Mi siguiente clase de liderazgo fue Leadership Baltimore County en 2002 bajo el liderazgo de Eileen Hettleman, la directora ejecutiva y fundadora. Tomé esta clase de liderazgo después de que La Casa de Tía Hattie recibió los bonos de asistencia para poder trasladarse del lado este de Baltimore a una casa de crianza temporal más grande en el lado oeste. Además, La Casa de Tía Hattie se estaba expandiendo a otra localidad en Randallstown en Baltimore County, y yo quería conocer mejor al condado y a todos los jugadores para lograr coordinar los mejores servicios para los niños-acogidos ahí. Dadas las ricas experiencias que había tenido en las otras dos clases de liderazgo, me inscribí en el programa de liderazgo de Baltimore County sin pensarlo dos veces.

Como esperaba, la experiencia fue benéfica y comprensiva y me permitió conocer el condado y sus programas como nunca antes, a pesar de que había vivido en condado por 15 años y mandado a mis hijas a la preparatoria ahí. Simplemente andar con los bomberos y los policías fue una experiencia increíble que me hizo tener más aprecio por todo lo que ellos hacen por mantener a nuestros ciudadanos seguros. Esta clase ("la mejor clase") también se involucró en la casa de crianza temporal para niños en el sistema y realizó muchas actividades con los niños, al igual que participar en nuestra gala anual y en oportunidades para ser mentores.

D. Leadership Montgomery County en 2004:

La última clase de liderazgo (por ahora) fue Leadership Montgomery County en 2004, bajo el liderazgo de Esther Newman (a quien llamo cariñosamente "Ma Esther"), la directora ejecutiva y fundadora. Esta magnifica clase ("la mejor, mejor clase") se involucró desde un principio y es responsable por las nuevas casas de crianza temporal construidas en Sandy Spring y en Montgomery County. Después de compartir mi deseo y mi visión con la clase, me alentaron todos, al igual que Esther y Kati (la directora del programa y mano derecha extraordinaria de Esther), a hacer este sueño una realidad. La clase entera me echó porras y me impulsó a seguir adelante.

Hubo un grupo de personas de esa clase que tomaran interés adicional en la casa de crianza temporal para niños en el sistema y que estuvieron, y han estado, a mi lado incondicionalmente. No puedo decir lo suficiente de: Jeff Donahue, Barbara Henry, Nancy Becker, John Macklin, Georgette "Gigi" Godwin, Melody K. Eaton, Jon Rosen y Dennis Williams (finado). Otras personas significantes que me apoyaron son: Muriel Ward, Ari Brooks, Luana Dean, Kim Jones, George Simms, Henry Lee, Sara Watkins, Mary Kane, Christine Sorge, Ed Fone y muchos otros compañeros de clase que me han apoyado de alguna manera, incluyendo mi gran querido amigo, Eliot Pfanstiehl, el facilitador.

E. Mención notable: ELIOT PFANSTHIEHL

El facilitador de todas mis clases de liderazgo, con la excepción de Baltimore County Leadership. Cuando mi hija Cheryl tomó dos clases de liderazgo, GBC en 2000 y Leadership Maryland en 2003, Eliot también fue su facilitador, y se convirtió en alguien a quien ella estima también. Él es un ícono y continuamente compartió ideas frescas y nuevas aproximaciones y cuestiones con la clase de manera excepcional y creativa.

Él ha apoyado a La Casa de Tía Hattie de manera incansable e incontable –desde escribir cartas de apoyo al condado o al estado, a presentar testimonio ante el condado y/o estado. También él ha invitado a nuestros niños a varias presentaciones musicales en The Strathmore Music Center en Bethesda, Maryland; él es el fundador y CEO de Strathmore Foundation, Inc.

PRESIDENTE BILL CLINTON

Conocí al presidente Clinton en varias ocasiones durante su presidencia en diferentes eventos cuando era yo vice-presidente de Coppin. Un tal evento fue el banquete anual de NAFEO (National Association for Equal Opportunity in Higher Education, Asociación Nacional para Oportunidades Iguales en la Educación Superior), en el que me senté cerca de la tarima donde habló el presidente Clinton. Después de su presentación, tuve la oportunidad de conocerlo y saludarlo. El presidente fue muy amable y hasta se tomó un minuto para preguntarme qué universidad representaba, a lo cual le contesté: "Coppin State College en Baltimore, Maryland" antes de seguir moviéndome en la fila para que otros pudieran saludarlo. (En aquel entonces, Coppin todavía era un colegio, aún no era una universidad).

Después lo conocí un año después en un banquete anual en La Casa Blanca para una iniciativa para HBCUs (Historically Black Colleges and Universities, Colegios y Universidades Históricamente Negros). De nuevo, se me presentó la oportunidad de saludar al presidente Clinton. Para mi sorpresa, él pareció reconocerme y me dio una cálida bienvenida y me preguntó, de nuevo, qué universidad representaba. De nuevo, le contesté: "Coppin State College en..." De repente, me sorprendió cuando sin haber yo terminado mi respuesta, él dijo, "Ah, sí, en Baltimore". Me anonadó su memoria y simplemente asentí con la cabeza. Había escuchado que Clinton tenía una tremenda memoria para recordar caras, hechos y números, pero me quedé sin palabras y sumamente impresionada cuando pareció acordarse de mi querido colegio —que realmente es un oasis escondido en la ciudad-interior de Baltimore. Le sonreí con aprobación y me adelanté para dejar a otros pasar a saludarlo.

Por supuesto, no creí realmente que el presidente se acordaba de mí y pudo distinguirme del siguiente Adán, o mejor dicho de la siguiente Eva. Él simplemente estaba actuando como buen político, siendo amable porque ahora ya sabía que Coppin State se encontraba en Baltimore. Cual fuese la razón por su memoria, respeté su capacidad y su persona carismática que hacía que la persona con quien estuviera hablando se sintiera que platicaban genuinamente en ese momento. Así me sentí yo y noté ese mismo carisma de él cuando hablaba con otras personas —lo cual es un don que pocas personas poseen.

Después, por nuestro destino y gracia, él visitó el campus de Coppin cuando estaba haciendo campaña para Kathleen Kennedy Townsend y su carrera para ser gobernadora. En aquel entonces era vice-gobernadora para el Gobernador Glendening y fue nominada por los demócratas para correr para ser gobernadora de Maryland. No sé por qué exactamente el presidente Clinton y su entorno escogieron el campus de Coppin para la campaña, pero ya que mi oficina era responsable de las relaciones públicas, yo estuve directamente involucrada en la planificación, la bienvenida y la coordinación de la conferencia de prensa de la campaña. Inclusive, el presidente tomó un pequeño descanso en mi oficina de relaciones públicas antes de salir a la conferencia de prensa.

De manera que el fotógrafo sacó varias fotos del presidente y de mí hablando antes y después de la conferencia de prensa y durante su visita en el campus (véase foto en la portada del libro).

Noté ese mismo carisma cuando se tomó el tiempo para conocer y saludar a todos los que querían darle la mano. Considero al presidente Clinton uno de mis padres mentores, o más bien hermano mentor ya que él también es un *Baby Boomer* como yo. Admiro el impacto que tuvieron muchos de los programas sociales que él inició como presidente, y su influencia en programas educativos, particularmente su apoyo para HBCUs. También, puedo entender fácilmente porque muchos afro-americanos lo consideraron "el primer presidente negro". Él simplemente se veía cómodo y genuinamente relajado al estar con negros u otra gente de color.

Después de todo, a Vernon Jordan, uno de sus confidentes más respetados y mejor amigo, se le conocía como "El Primer Amigo". Me encantaría que el presidente Clinton visitara la casa ecológica de crianza temporal para niños que construimos en Sandy Spring que ya cerró, y/o la otra casa de crianza temporal abierta en Baltimore City –casi cinco kilómetros de Coppin– para conocer a los jóvenes sobresalientes que están esforzándose en salir adelante y tomar ventaja de su segunda (en ciertos casos tercera) oportunidad de vivir en La Casa de Tía Hattie.

MICHELLE OBAMA

A pesar que la Primera Dama Michelle Obama es sólo unos años mayor que mis hijas, ella definitivamente es un ícono y un modelo a seguir para mí y mis hijas. Teniendo una hija abogado, como lo es ella, siento gran afinidad con ella y el gran trabajo que está haciendo como la primera dama. Especialmente estoy fascinada con sus iniciativas enfocadas en los niños y en los jóvenes. Por ejemplo, algunos de sus programas notables e impresionantes fueron los siguientes:

A. Iniciativa "Let's Move, A movernos"
El propósito de esta iniciativa fue abordar la epidemia de obesidad infantil que plaga un gran porcentaje de nuestros niños. Como maestra, yo apoyé su iniciativa de traer más actividad física a la escuela y a la comunidad. Como una mamá ocupada y que trabaja, también me latía el programa porque ponía énfasis en ayudar a madres ocupadas y a otros proveedores de cuidado cómo comer y cocinar saludable. La primera dama hacía demostraciones con su propia familia de cómo preparar comidas frescas, nutritivas y económicas.

B. Campaña "Reach Higher, Alcanza más alto"

El propósito de esta campaña esta alineado con las metas de La Casa de Tía Hattie y de Coppin State y otros programas similares que impulsan a estudiantes a completar sus estudios más allá de la preparatoria y asistir a un colegio de cuatro años o comunitario, o a un programa de capacitación profesional. Esta iniciativa de ella está alineada con la iniciativa "North Star, Estrella Norte" del presidente Obama, en la cual prometió que América tendría el mayor número de graduados universitarios en el mundo para el año 2020. Una iniciativa informa a la otra, ya que un estudiante primero tiene que graduarse de la preparatoria antes de entrar a un programa pos-secundario. Para más información, vea el apéndice de este libro o visite https://obamawhitehouse.archives.gov/reach-higher

C. El reto "Near Peer Mentoring College Challenge"

Una iniciativa interesante e innovadora que combina el ser mentor de grupos de estudiantes universitarios junto con estudiantes de la preparatoria que están por entrar a la universidad y combinarlo con el servicio a la comunidad. Esta iniciativa promueve que los estudiantes universitarios ayuden a otros estudiantes, especialmente aquellos estudiantes que representan la primera generación de su familia en llegar a la universidad, y/o aquellos estudiantes que son de comunidades menos representadas, para así ayudarles con el tremendo papeleo y proceso de registrarse y conseguir ayuda financiera. Para más información detallada de esta iniciativa y eventos más recientes, vea el apéndice de este libro o visite https://obamawhitehouse.archives.gov/reach-higher

PRESIDENTE BARACK OBAMA

Me siento orgullosa de nombrar mi presidente, Barack Obama, uno de mis mentores –aunque él no tenga idea que es mi mentor y mi brinda el ánimo y inspiración para continuar haciendo una diferencia en la comunidad y correspondiéndole. Mi madre murió a los 28 años y mucho tiempo pensé no llegar más allá de esa edad, pero me pellizco y me doy cuenta que he vivido mucho más y logrado ver un presidente negro y una primera dama negra en La Casa Blanca. Me enorgullece tanto, como si fueran ellos mis propios hijos y nietas.

Me enorgullece también dado los retos, los desafíos y los sacrificios que mi familia ha tenido que enfrentar y vencer para poder realizarse y alcanzar el éxito, a pesar de la época de segregación y de su abolición en Prince Edward County. Especialmente en este momento de su re-elección; la re-elección de un hombre tan fino como nuestro presidente, que es, además: inteligente, espiritual, negociador, sensible, saludable, calmado, valiente y decisivo. Todo esto me hace pensar que él también es favorecido. Él es un esposo cariñoso y cálido que respeta a su esposa inteligente, y un padre dado de dos niñas adorables y bien comportadas –me puedo identificar tanto, ya que yo también tengo dos hijas y dos nietas que son más o menos de la edad de Malia y Sasha. Él siempre se viste con estilo. Es un modelo a seguir para gente de color, en particular para hombres negros, pero también es un modelo a seguir para toda persona que quiera aprender algo de él.

Además, me impresionan mucho su fuerza, su optimismo y su determinación en hacer una diferencia a pesar de la negatividad y de los obstáculos que ha tenido que vencer desde antes llegar a esta oficina y ser presidente. Su personalidad serena, su intelecto, y su ser un caballero le han facilitado obtener el respeto, inclusive, creo yo, de los rivales más grandes.

Estoy segura que él está al tanto del racismo institucional que sigue vivo, y de que nadie se atreve a decirlo explícitamente. Muchos de la firme oposición y objeción a sus políticas, ideas, procesos y nominaciones se debe a generaciones de un racismo innato. La oposición, creo yo, tiene poco que ver con sus ideas y si éstas van a ayudar a las masas, y más con el resentimiento de que un hombre negro y su bella familia están ocupando la casa más privilegiada de los Estados Unidos de América.

Varias de las iniciativas fundamentales del presidente Obama que valoro y respeto mucho y que creo apuntan a lo mismo que estamos tratando de hacer con mis hijos-acogidos en las casas de crianza temporal son las siguientes: My Brother's Keeper, Guarda de mi hermano; North Star, Estrella Norte; y Free Community College, Colegio Comunitario Gratuito para todos.

A. My Brother's Keeper, Guarda de mi hermano

El presidente Obama se dio cuenta de brecha crónica para los niños y hombres de color, y lo expresó en su Memorando de Entendimiento:

"… brechas persistentes permanecen en cuanto al empleo, los resultados educativos, y la capacitación laboral para muchos niños y jóvenes de color a lo largo de sus vidas.

Muchos niños y jóvenes de color empezarán el kínder menos preparados que sus compañeros con capacidades de habla y lectura, haciéndolo menos probable de terminar la escuela. La participación de jóvenes de color en la fuerza laboral ha disminuido, y demasiados carecen las habilidades para sobresalir. El número desproporcional de hombres negros e hispanos que están desempleados o involucrados en el sistema de justicia criminal socava la estabilidad familiar y comunitaria y es un desgaste de los presupuestos estatales y federal.

Además, es más probable que jóvenes de color sean victimas de asesinato que sus compañeros blancos, ya que de hecho ellos representan casi la mitad de las victimas asesinadas en el país cada año. Estos hechos son preocupantes, y representan solo una parte del costo social y económico que nuestra Nación padece cuando se impide la realización del potencial de tantos niños y jóvenes.

Al enfocarnos en los retos críticos, en los factores de riesgo y en las oportunidades que niños y jóvenes de color tienen en diferentes etapas clave de su vida, podemos mejorar sus resultados a largo plazo y su habilidad de contribuir a la competitividad de la Nación y a su movimiento y crecimiento económico, y a la sociedad civil. Desencadenando toda su capacidad beneficiaría no tan solo a los jóvenes de color, sino a todos los estadounidenses.

Por ende, estoy introduciendo la iniciativa My Brother's Keeper, Guarda de mi hermano, un esfuerzo entre varias agencias para mejorar de manera mensurable los resultados educativos y de vida esperados para jóvenes de color, y abordar la brecha en oportunidades con la que se enfrentan los niños y jóvenes de color. La iniciativa nos ayudará a: determinar los esfuerzos públicos y privados que funcionan y cómo extenderlos; entender cómo las políticas y los programas del mismo gobierno federal pueden mejor apoyar a éstos; y cómo colaborar mejor con oficiales estatales y locales, y con el sector privado y la comunidad filantrópica.

Con la autoridad que invistieron en mí como presidente ante la Constitución y las leyes de los Estados Unidos de América, declaro lo siguiente:"

Sección 1. **Fuerza especial de Guarda de mi hermano.** (a) Hay una fuerza especial establecida de Guarda de mi hermano para desarrollar un esfuerzo federal coordinado para mejorar considerablemente las expectativas de vida para niños y jóvenes de color (incluyendo **afro-americanos, hispano-americanos y nativo-americanos**).

Para más información visite https://obamawhitehouse.archives.gov/my-brothers-keeper

B. Iniciativa North Star, Estrella Norte
Otra iniciativa ambiciosa que el presidente implementó con mira al año 2020. Siendo yo un *baby boomer*, pienso que esta iniciativa está planificando para el gran retiro de *baby boomers* que ocurrirá en

la próxima década, y también preparando terreno para que Estados Unidos ocupe nuevamente una posición delantera en producir graduados universitarios maestros, doctores, abogados, ingenieros y otras posiciones para el año 2020. Estoy de acuerdo con esta iniciativa del presidente ya que me puedo identificar con los retos que acompañan el obtener una educación universitaria sin asistencia; la apoyo completamente. Michelle Obama lo dijo de manera sucinta: "No hay nada más importante para el futuro de esta nación que la inversión en nuestros jóvenes, y la educación está por encima en la lista de prioridades".

C. Free Community College, Colegio comunitario gratis
Viví en Escocia por varios años donde la educación es gratis si los estudiantes califican en el examen, y veo este plan del presidente Obama para colegios comunitarios gratis –delineado en su discurso del estado de la nación– moviéndose en esa misma dirección. Basado en el modelo del estado de Tennessee, donde ofrecen dos años gratis de colegio comunitario garantizados, el plan del presidente Obama cubriría los costos de colegiatura de estudiantes con un promedio escolar, *grade point average* (GPA) de 2.5 o más y que intentan transferirse a un colegio de cuatro años.

Resumen de este capítulo de Madres y Padres Mentores:
Mi único arrepentimiento es no haber buscado a más de mis mentores para compartirles lo mucho que influyeron en mí y lo profundo que impactaron mi vida antes de morir. Pero ahora esto es una prioridad para mí, compartir con mis modelos a seguir y con gente que respeto. Me empeño en dejarles saber que ellos importan para mí ahora que están vivos. En otras palabras, hay que dar flores ahora que se puede apreciar su fragancia.

Huellas en la arena

*Una noche soñé que caminaba por la playa con Dios.
Durante la caminata, muchas escenas de mi vida
se iban proyectando en la pantalla del cielo.
Con cada escena que pasaba notaba que unas huellas de pies se
formaban en la arena: unas eran las mías y las otras eran de Dios.
A veces aparecían dos pares de huellas y a veces un solo par.
Esto me preocupó mucho porque pude notar que, durante
las escenas que reflejaban las etapas más tristes de mi
vida, cuando me sentía apenado, angustiado y derrotado,
solamente había un par de huellas en la arena.
Entonces, le dije a Dios:
"Señor, Tú me prometiste que si te seguía
siempre caminarías a mi lado.
Sin embargo, he notado que en los momentos más difíciles
de mi vida, había solo un par de huellas en la arena.
¿Por qué, cuándo más te necesité, no caminaste a mi lado"?
Entonces Él me respondió:
"Querido hijo. Yo te amo infinitamente y jamás
te abandonaría en los momentos difíciles.
Cuando viste en la arena solo un par de pisadas
es porque yo te cargaba en mis brazos…".*

– MARY STEVENSON

CAPÍTULO 10

Milagros: Intervención divina

La definición del diccionario Webster de un milagro es: *"un evento inusual o maravilloso que se cree fue causado por el poder de Dios".*

Ha habido muchos milagros inexplicables que me han pasado y hecho pensar en uno de mis poemas favoritos, "The Footprints in the Sand, Las huellas en la arena", en el que Dios me cargaba cuando yo sólo veía un par de huellas. He descubierto en la vida que muchas veces cuando se está pasando por una crisis, no hay tiempo para pensar cómo uno va a salir de ésta. Uno solo agarra fuerza y la voluntad de seguir adelante. Cuando algo desagradable ocurre en nuestras vidas, debemos mantener la fe. Benditos son los que creen en una entidad divina comparado con aquellos que pretenden ya saber la respuesta, y por ende no tienen que creer ciegamente y apoyarse en la fe para salir de una situación difícil.

Conforme enfrento los retos de la vida, y apoyo a familia y a amigos que están pasando por sus propios retos, recuerdo un sermón que escuché a mi pastor dar un domingo; me impactó tanto que pienso en el a diario. En esencia, él dijo: siendo seres humanos inteligentes, a veces tenemos una desconexión entre nuestra fe cognitiva y nuestra fe afectiva; es decir, si nuestra mente no puede razonar lo que ha pasado o exactamente por qué ha sucedido, cuestionamos por qué debemos de creer en Dios, cuando todas las señales apuntan a cierta derrota. Entonces mi pastor explicó que la fe se basa en un sentimiento y en la creencia que Dios hará que todo salga bien para aquellos que aman al Señor.

Un escritor explicó que la fe es una creencia similar al viento. Uno cree que existe, aunque no lo puede ver; se pueden ver señales de que el viento existe en nuestro entorno y podemos sentirlo cosquillearnos la piel.

LA CASA: EN TUS SUEÑOS

Hay algunos que dicen que creen, pero no demuestran su fe durante una prueba. Pero recordemos que el maestro siempre está en silencio durante un examen, así que debemos simplemente creer y no tener miedo. Típicamente, cuando pienso en los retos, la historia de Job en la Biblia se me viene a la mente. Job fue un hombre devoto y bueno a quien Dios permitió que le sucedieran tragedias para poner a prueba su fe. Job perdió su riqueza, su propiedad, su buen nombre, su salud, inclusive sus hijos. Él pasó por mucho sufrimiento, pero la intervención divina trajo milagros que él no esperaba. Ha habido numerosas intervenciones divinas en mi vida, y no tengo el espacio aquí para mencionarlas todas, pero me siento obligada a resaltar algunas de las más prominentes.

Recuerdo el momento en que a uno de mis hijos-acogidos lo atropelló un carro en el lado oriente de Baltimore. Estaba yo devastada porque a causa del accidente se había roto la pierna. Unas semanas después del accidente, yo tuve un gran sentido de urgencia mientras me reunía con un agente de bienes y raíces y me preparaba a firmar los papeles de otra casa de dos pisos. Verán, dos años antes, yo había comprado dos casas que colindaban para albergar a los niños-acogidos. Las casas tenían un pequeño patio en frente y un callejón atrás. Eran demasiado pequeñas y la vecindad demasiado peligrosa. Los niños necesitaban un lugar abierto para poder jugar que no estuviera contaminado con agujas o botellas de alcohol quebradas. Pero, al estar a punto de cerrar en esta casa, algo de esta casa no se sentía bien. Me sentí indecisa, a pesar de que el agente de bienes y raíces ya quería hacer el cierre. Miré a mi hija Cheryl que estaba ahí para apoyarme, y después miré al agente y le dije:

—No. No puedo firmar los papeles porque no es mi casa. No me siento bien en esta casa.

—¿Qué es lo que está tratando de decir? —contestó el agente con tono decepcionado.

Noté su aire de desilusión mientras trataba yo de explicar lo que no podía. Sin embargo, mi mente estaba resuelta y le dije adiós al agente. Pero algo extraño y maravilloso sucedió. Mi hija Cheryl estaba conmigo. Estaba manejando cuando algo hizo que mirara hacia arriba. Y ahí estaba, ¡la casa de mis sueños! Rápido pisé el freno, paré el carro en medio de esta calle de una vía, y le dije a mi hija:

—Esa es mi casa.

Había parado tan de prisa que no noté el carro detrás de nosotras hasta que el conductor nos pitó el claxon, lo cual rompió mi trance. De inmediato me estacioné al borde de la calle y dije con una risa y seguridad:

—Esa es mi próxima casa de crianza para niños-acogidos. Lo sé. Lo siento.

—Ma, ¿cómo puede ser eso? La casa no está en venta. No hay un letrero que diga *Se vende*.

—No sé cómo, pero estoy segura que esa va a ser nuestra próxima casa de crianza para niños-acogidos. Lo sé.

Mientras miré la casa más en detalle, me di cuenta que era la misa casa de mi sueño recurrente. Pensaba que era muy bella esta casa en particular, de estilo Victoriano y de ladrillo. Se sintió un poco extraño saber que la casa de mi sueño existía de verdad. Inmediatamente quería saber cómo poder comprar la casa. Rápidamente llamé a unos de los miembros de la junta directiva que era agente de bienes y raíces para indagar sobre la propiedad. Mi compañero dijo que conocía bien la casa y que la mujer que vivía en ella no tenía interés en venderla. Me dijo que olvidara el asunto.

—Pero esta es mi próxima casa de crianza para niños-acogidos. Necesito conocerla y explicarle que he visto esta casa en mis sueños.

Mi compañero volvió a decirme que estaba perdiendo mi tiempo. Sin embargo, fui a la casa y toqué la puerta. En segundos escuché una voz gruesa decir: "¿Quién es?"

~

Los jóvenes que me llegaban típicamente eran pre-adolescentes que habían sido colocados de lugar en lugar. Yo quería que ellos tuvieran una casa espaciosa y con un gran patio. Y las dos casas simplemente eran demasiado pequeñas y la vecindad muy peligrosa.

Di mi nombre cuando ella apareció en la puerta con una mirada confundida, como si hubiera interrumpido su telenovela. No había yo abierto mi boca cuando me dijo:

—Mi casa no está a la venta y necesita irse.

Me tomó de sorpresa, pero necesitaba yo entrar a esa casa. Tenía que ver por mi misma si esta era la casa que había soñado. La miré y le dije:

—No sé cómo explicarle, pero esta va a ser mi próxima casa.

—Ya le dije que la casa no está a la venta. ¿Acaso ve un letrero que dice *Se vende*? —contestó la mujer de unos setenta y pico de años.

Volteé a ver el patio. No había un letrero, como me lo había dicho mi hija. Pero no me importó, volteé nuevamente hacia a la señora y le conté mi historia de criar niños en el sistema de crianza temporal:

—No son niños 'problemáticos', son niños con problemas y simplemente necesitan una segunda oportunidad. Y algunos de ellos, una tercera oportunidad.

—¿Es usted maestra? —me preguntó.

—Sí.

Se me quedó viendo un momento y me dijo que ella también era una maestra, aunque ahora retirada. Tuvimos una conexión y no pasó mucho tiempo para que me invitara a entrar. Formalmente se presentó como la Sra. Smith. Me contó que había enseñado en las escuelas de Baltimore City por más de treinta años. Tras escuchar mi misión de criar niños maltratados y descuidados, ella me reveló que su amor y recompensa más grande como maestra fue llegar a los niños negros "cabezones", como se refería a ellos cariñosamente. Yo sentí que se había ablandando la señora cuando ofreció darme un tour de la casa.

Mientras me mostraba la casa, yo ya sabía lo que estaba en cada esquina y rincón, a tal punto que ella le gritó a su hijo:

—Bob, ¿has traído a mujeres a la casa?

—No, Ma. Nunca he visto a esta mujer —contestó su hijo.

La miré y validé la respuesta diciendo que nunca lo había visto. Y también le conté de mi sueño recurrente de esta casa única para mis hijos-acogidos, pero que nunca sabía que esta casa existía de verdad. Y lo que era aún más confuso era que yo sabía dónde estaba todo en la casa, cuartos y todo. No logro entenderlo hasta hoy día. La única explicación es que fue la intervención de Dios.

Después que la Sra. Smith y yo compartimos historias de maestras y nos reímos un poco, aunque las cosas no hayan sido tan chistosas en su momento, ese mismo día regresé más tarde con mis ocho hijos-acogidos. Mis hijos fueron tan cariñosos con ella, sin yo decirles nada le dieron un gran abrazo, se sentaron a sus pies y cantaron canciones del evangelio y recitaron versos del poema de Dr. Martin Luther King, "Tengo un sueño", que la hicieron llorar, como también a mí.

Sin sorprenderme, y a causa de las intervenciones divinas, la Sra. Smith reconsideró y decidió vender su hogar a La Casa de Tía Hattie. Al final, la Sra. Smith compartió que ella quería regresar a su pueblo en Tennessee y quería que su casa se usara para algo especial. Ella no sabía qué propósito iba a tener, pero que solo estaba esperando "el empuje" perfecto, como lo puso ella. De manera que sabiendo que su casa iba a servir un gran propósito ella podía retirarse a su pueblo con una conciencia limpia.

Unos días después en una de mis reuniones con la junta directiva, expliqué la intervención divina que permitió la compra de la casa. Mi compañero agente dijo que mucha gente había querido comprar la bella y distintiva casa de la Sra. Smith, incluso él, pero que ella no nunca quiso vender. Mi compañero me volteó a ver y dijo: "Nunca más voy a dudar de ti".

Después que la Sra. Smith acordó vender su casa, me di cuenta que no teníamos suficientes fondos para comprarla. Le recé a Dios por un milagro. Y Dios hizo precisamente eso. Semanas después, nos invitaron a Cheryl y a mí a un desayuno importante. Esto fue un sábado en que yo solo quería estar en la cama. Nunca se me ve a olvidar. Estaba lloviendo y nublado ese día. Me paré y sentí que me vestí y me arreglé como si estuviese yo fuera de mi cuerpo y no pudiese controlar mis movimientos. Al salir de mi casa y subirme a mi coche para ir al desayuno, vi un arcoíris en las nubes y pensé "¡Qué hermoso!", meditando un momento al ver que la lluvia había parado y un sentimiento cálido me envolvía como el viento.

BONOS DE ASISTENCIA: NECESITA UN BONO DE ASISTENCIA

En el desayuno, me sentaron al lado de una señorita muy amable llamada Lisa Gladden, entonces delegada de la Casa de Representantes del Estado de Maryland. Delegada Gladden, mi hija y yo establecimos una conexión inmediatamente y comenzamos a platicar. Mientras disfrutábamos de fruta y bagels, le conté mi historia de querer comprar una casa para niños en el sistema de crianza personal, pero que no tenía suficiente dinero.

—Necesita un bono de asistencia —me dijo rápidamente.

Yo no sabía nada acerca de bonos de asistencia ni cómo conseguir uno. Me sentía como pez fuera del agua. Pero afortunadamente, delegada Gladden sí sabía del procedimiento adecuado para obtener un bono de asistencia y también me presentó formalmente a un senador y a otro delegado sentados en mesas vecinas que también podían ayudarme obtener uno.

El senador Clarence Blount y el delegado Howard "Pete" Rawlings, ambos hombres de mucha influencia, por coincidencia, estaban sentados juntos. Después que delegada Gladden les contó lo que yo necesitaba, ellos respondieron casi al mismo tiempo: "Lo patrocinaremos".

Dios había intervenido nuevamente y estuvo de nuestro lado aquella mañana fría y lluviosa, y es más había revelado la razón por mi estar en ese desayuno después de todo.

LA QUEJA: NO EN MI PATIO

Las cosas no sucedieron tan fáciles como pensé. Hubo retos. Después de que delegada Gladden entregó el papeleo para poner en moción el bono de asistencia, y se empezó a correr la voz de que venía a la vecindad una casa de crianza temporal para niños en el sistema de colocación, un hombre, que vivía del otro lado de la calle de la Sra. Smith, protestó porque no quería "muchachos de esa clase" viviendo en su vecindario. Él trató de pelear todos nuestros esfuerzos. Incluso fue a la corte y puso una queja. Mi equipo tenía 90 días para responder a su protesta, lo cual hicimos de inmediato. Él tenía 90 días para contestar nuestra apelación y esperó hasta como el día número 80 para hacerlo.

Tuvimos que regresar a la corte y oír la razón de su protesta. Él no tan sólo le explicó su razón a la corte, sino que también a los periódicos locales y a los medios de comunicación. Para comprobar cómo se manifestó la intervención divina, este hombre malhumorado pensaba que nos estaba retrasando a nosotros y al proceso, cuando en actualidad nosotros estábamos en espera de la aprobación del bono de asistencia, y la Sra. Smith estaba empacando su casa, después de vivir en ella casi treinta años.

Después de casi ocho meses, echaron el caso de su tercera queja en la corte. Una semana después, se aprobó el bono de asistencia. Subsecuentemente, mi contratista remolcó la casa y le agregó otros 465 m^2 a la parte de atrás para permitir una cocina más grande, y coordinó el interior, así como yo lo había soñado. También mandé construir una tarima en la parte de atrás y una terraza que rodeaba toda la casa por en frente.

EL DILEMA DEL DOCTORADO: ¿TERMINAR AHORA Ó DESPUÉS?

Otra intervención divina sucedió cuando estaba contemplando completar mi programa de doctorado en University of Maryland, College Park. Sentí una urgencia inexplicable y absorbente de terminar mi doctorado ese diciembre, en vez del siguiente mayo como había planeado inicialmente. Sin embargo, ese otoño, durante tres semanas me pasé todas las noches escribiendo y estudiando mientras también trabajaba tiempo completo. De mañana iba a trabajar y de noche iba a clase. En aquellos días, mi vida estaba dedicada a mis hijas, a mi esposo y a mi trabajo de escuela. Tenía bastante responsabilidad, pero estaba determinada atravesar este terreno difícil.

Después de preparar la cena, lavar ropa y checar la tarea de mis hijas, le daba el beso de buenas noches a mi familia y me bajaba al sótano a trabajar en mi disertación. Ahí, leía, investigaba y escribía toda la noche, y cuando amanecía preparaba el desayuno, me bañaba y me vestía, y salía para ver a mi mecanógrafa para darle lo que había escrito la noche anterior. Esta rutina agotadora continuó por semanas ese otoño hasta que completé mi doctorado. Dios me dio la fuerza y la tenacidad para terminar en diciembre 1987. Mi familia, incluyendo mi primo y su esposa de Virginia Beach y amigos, estaban tan orgullosos de mi logro —me había convertido en la primera doctora de educación en mi familia. Yo estaba contenta con este logro extraordinario, pero creo que me sentía más contenta y agradecida de que había terminado la tortura.

Tiempo después, mi querido papá sufrió inesperadamente un ataque al corazón ese siguiente marzo y quedó incapacitado. Necesitó de cuidado todo el día mientras oscilaba entre el hospital, la casa, el hospital de nuevo, y finalmente, el asilo de ancianos. A pesar que mi padre tenía hermanas y un hermano y varios medios hermanos y hermanastros, él me dio a mí una carta poder. De manera que me hice responsable de su cuidado primario y me dediqué a su bienestar por ese periodo.

Mi horario de rutina era salir de mi casa en Baltimore County eso de las 5 A.M. para ir a su casa en East Baltimore antes de irme a trabajar. Me cercioraba de que la enfermera asistente que vivía en casa lo cuidara bien. En aquel entonces trabajaba en *downtown* Baltimore en el Departamento de Educación del Estado de Maryland. Mi rutina diaria era: salir de trabajar y regresar a la casa de mi papá, quedarme hasta las 11 P.M. y después regresar a Baltimore County para dormir unas cuantas horas después de hacer quehacer en mi casa. Seguí con esta rutina agotadora hasta que mi padre falleció de manera pacifica dos años más tarde. Mi familia y yo lo enterramos en el cementerio de veteranos en Baltimore.

Seguí el consejo de mi padre: "Nunca te des por vencida, sin importar qué tan alta esté la montaña". Fue un hombre que me enseñó muchas lecciones porque me quería incondicionalmente, y yo lo quiero a él. Lo extraño mucho. Seguí su consejo de obtener una buena educación y sobresalí en la preparatoria y en la universidad –y la escuela graduada no fue excepción. Sus expectativas altas me animaron a obtener: mi bachillerato en ciencias en educación especial de Norfolk State University con una concentración en educación especial; una maestría en psicología y consejería de Ball State University mientras enseñaba en bella Atenas, Grecia en un programa para extranjeros; y después un doctorado de la University of Maryland, College Park en currículo e instrucción.

Mi padre logró verme obtener mi doctorado. Se me hizo claro por qué Dios me mandó a sentir tanta urgencia y la energía para terminar mi doctorado en diciembre en vez de mayo. Algunas personas lo llaman una coincidencia que terminé en diciembre y que mi papá tuvo su paro cardiaco en marzo; pero yo lo llamo intervención divina. Sinceramente creo que Dios sabía que yo no iba a terminar mi doctorado después del paro cardiaco de mi papá, porque los siguientes dos años mi papá se volvió mi prioridad. Y creo que Dios sabía que no yo iba a regresar para terminar después de la muerte de mi papá.

CAPÍTULO 11

Lecciones aprendidas

*Cuando vino la soberbia, vino también la deshonra;
mas con los humildes es la sabiduría.*
– PROVERBIOS 11:2 (RVR)

Al pensar en mi querido padre, un hombre que sacrificó mucho para que mis hermanos y yo tuviéramos una mejor vida que él, me pongo emocional. Mi papá conocía mi temperamento y mi manera de reaccionar en situaciones, así que cuando él se sacrificó y nos mandó a mi hermano, dos hermanas y a mí a vivir en Norfolk con las hermanas de nuestra madre biológica para que pudiéramos seguir estudiando, creo que le dolió más a él que a nosotros. Pero él sabía que la educación era la llave de nuestro éxito en la vida. Yo no lo veía así entonces, pero lo veo así ahora. Hay un dicho que me gusta usar mucho: Visión sin acción es sólo un sueño; acción sin visión es una perdida de tiempo; pero visión y acción pueden cambiar el mundo.

De manera que sigamos adelante y soñemos, pero hay que unir nuestros sueños con una visión y un plan de acción para lograr hacer una diferencia en el mundo. Pero en toda nuestra planificación, siempre hay que recordar este verso de Proverbios 16:9 (RVR) "El corazón del hombre piensa su camino; mas el SEÑOR endereza sus pasos".

ESCAPE DEL INCENDIO

Unas semanas antes de la publicación de estas memorias, hubo un gran incendio en mi casa, donde he vivido más de trece años. Aún devastada, doy gracias que El Señor me tocó y me despertó esa mañana, y pude escapar una casa en llamas con heridas que ya sanaron. Presentemente, estoy en una casa temporal hasta que pueda encontrar una permanente. Pero no estoy molesta para nada. Pensándolo bien, después que El Señor me despertó, ingenuamente traté de ver qué había causado el incendio y llamé al 911 y la operadora me dijo que evacuara la casa de inmediato. Rápidamente me puse un par de pantalones sobre mi piyama, agarré un reboso, mi teléfono celular, mi cartera y mi computadora y salí corriendo por el garaje. Para entonces ya había humo por todas partes.

Al llegar a la casa de mis vecinos me empecé a sentir mal y me llevaron al hospital donde me trataron para la inhalación de humo y el envenenamiento por monóxido de carbón. Mientras me siento orgullosa de haber tendido un detector de humo con baterías que funcionaban, doy gracias a Dios por haberme levantado. Fue un milagro que escuché yo la alarma del detector, ya que había caído a la cama exhausta esa noche. Había estado escribiendo mi libro hasta la madrugada. Bien me pudieron haber vencido el humo y el monóxido de carbón, bien pude no haber escuchado la alarma. Con la gran cantidad de daño que sufrió mi casa, es un milagro que escapé con vida. Cosas materiales pasan a segundo lugar cuando lo único que se tiene es la ropa puesta, ni siquiera un lugar para dormir. Básicamente me vi desamparada en un instante –lo cual le puede suceder a cualquiera de nosotros en un cerrar de ojos. Por eso es importante saber quiénes somos y de quién somos.

~

Las lecciones aprendidas de este trágico incidente son:

Saber QUIÉN somos

Según Mateo 16:26 (RVR), "Porque ¿de qué aprovecha al hombre, si ganare todo el mundo, y perdiere su alma? O ¿qué recompensa dará *el* hombre por su alma?" Debemos de saber quién somos –identificar nuestra importancia y estatus según lo que poseemos. Después, si nuestras pertenencias desvanecen, por causas humanas o desastre natural, no debemos de perder nuestro sentido de identidad, sino continuar teniendo fe que Dios nos cuidará. Después de todo, Dios creó el universo y es dueño de todas las riquezas y tierras y puede compartirlas con nosotros, según Su Voluntad, o bendecirnos con menos cosas y más amor por la belleza de Su naturaleza.

Otra lección de las cenizas del fuego es: "Porque nada hemos traído a este mundo, y sin duda nada podremos sacar", Timoteo 6:7 (RVR). En otras palabras, no podemos llevarnos cosas materiales cuando nos vayamos de este mundo. De manera que debemos dejar amasar cosas y calcular nuestro valor según las cosas que poseemos. Aunque me gustan las cosas buenas y he trabajado duro para obtener las cosas que quiero en la vida, sentí un profundo sentimiento de agradecimiento, por haber sido favorecida y permitida escapar el incendio.

Cuando salí de mi casa en llamas con casi nada y tuve que prácticamente comenzar de nuevo, obtuve un nuevo aprecio para cada nuevo día. Ahora parecía ver el mundo a través de otros lentes y notar más los pequeños detalles en la naturaleza y en la familia y amigos especiales –como aquellos que me llamaron y me ayudaron, los que me dejaron mensaje, mandaron textos, e inclusive aquellos que persistieron y que sólo querían escuchar mi voz.

En el hospital me dijeron que tuve suerte que desperté cuando lo hice dado el nivel de monóxido de carbón en mis pulmones. Pero les dijo que mi Dios no es ordinario. Él es un Dios increíble que hace milagros. Y que yo no era afortunada al estar vivir, sino más bien estaba bendecida de estar viva. Me favoreció, una vez más, Él me despertó para continuar haciendo Su trabajo.

~

A través de los años, he aprendido lecciones que me han alentado a seguir adelante aún cuando no podía ver la luz al final del túnel y quería darme por vencida. He aprendido que no importan que tan mal estén las circunstancias, la vida continúa. Si uno mantiene la fe, solo pueden mejorarse las cosas. Hay muchas lecciones que he aprendido, pero seleccionaré algunas más pertinentes para compartir en este capitulo.

LECCION #1: MANTENGA SU FE

Mi querido padre mantuvo su fe. No la soltó mientras enfrentó los retos de la vida. Él creía que Dios lo cargaría por la tormenta. Yo aprendí muchas cosas de mi papá y una de ellas es creer en Dios de la Santa Biblia. Aprendí a nunca darme por vencida y ver un obstáculo como una desviación más que una barrera. Muchas veces el enemigo me ha cargado con problemas que me han hecho caer de rodillas y empapar mi cara de lágrimas. Pero aún así, no me di por vencida, aún estando fuerte la presión.

Lo que me ha mantenido es la palabra inmutable de Dios. Rezo y tengo presente la palabra de Dios en mi mente y en mi corazón. Leo mi Biblia todos los días y recito las Sagradas Escrituras en voz alta. Voy a la iglesia a escuchar La Palabra en el sermón de mi pastor. Cuando escucho mi pastor, siento que me está hablando directamente a mí, lo cual es un índice positivo de que voy por buen camino. Mi dicho es: si reza, no se preocupe; si se preocupa no rece. No haga las dos cosas. Es una perdida de tiempo y energía hacer las dos cosas.

Sé por experiencia, que tiene que creer que el Buen Señor sabe lo que hace. Cuando las cosas suceden, necesita preguntarse: "¿Qué me está tratando de enseñar el Señor? ¿Estoy escuchando o es que estoy más ocupada en este mundo con todas sus tentaciones que he bloqueado la voz de Dios?" Según Juan 10:27 (RVR), "Mis ovejas oyen mi voz, y yo las conozco, y me siguen"; y según los Romanos 10:17 (RVR), "Luego la fe es por el oír; y el oído, por la palabra del Cristo". En ambos versos de la Biblia aprendemos que necesitamos escuchar la voz de Dios y Él dirigirá nuestros caminos.

En la Biblia, Dios había decidido destruir la Tierra. Noé fue instruido por Dios a construir un arca llena de una pareja de cada ser viviente. Noé siguió escuchando a Dios y construyendo el arca aún cuando le hacían burla y lo ridiculizaban. Cuando Dios le da una misión, aunque no pueda entenderla del todo, debe cumplirla. Primero, tiene que escuchar, y después ser de la mentalidad de "¿cuál es el plan de Él?" y no "mi plan". Dios no le hace nada a usted, sino hace todo por usted.

Yo soy de personalidad tipo A. Soy sumamente organizada. Siendo profesora, el primer día de clase tengo todo en orden. No me gustan los retrasos y trato de hacer varias cosas a la vez. Siempre he sido así, desde que tengo memoria. Si no fuese por mi fe en Dios, probablemente tendría un colapso nervioso. No sé cuál será el gran final, pero sé que hay una razón para todo. La Biblia nos enseña que llueve sobre los justos como sobre los injustos, Mateo 5:45 (RVR). La razón es porque Dios quiere saber si uno lo amará y tendrá fe en Él tanto en los tiempos buenos como en los malos.

LECCION #2: DÍGALE A LAS PERSONAS CUÁNTO LAS APRECIA MIENTRAS ESTÁN VIVAS

Algún día, alguien dirá mi nombre, ya una sea mis hijas o nietas, o tal vez uno de mis estudiantes, y yo no les contestaré. Estaré yo vestida en mi ataúd. Sé que esta parte puede ser un poco incómoda al leer, pero algún día usted, o alguien que quiere y respeta, ya no estará aquí. Aunque trato de ser el tipo de persona que expresa su amor y su aprecio a las personas mientras están vivas, hay algunas personas que me han faltado.

Una de ella es la Sra. Brown, mi maestra de primaria. Si pudiera viajar en una máquina de tiempo a aquella escuelita de dos cuartos, le compartiría la gran influencia que tuvo en mí. Le daría un abrazo y un beso. Le escribiría una carta, como uno de mis estudiantes hizo para mí, explicándole cómo ella fue una madre para mí; que todo lo que ella me enseñó y todas las palabras cariñosas que me dijo tuvieron un impacto positivo en mi vida. Esas palabras sinceras serían sus flores.

LECCION #3: APRENDA A MANTENERSE POSITIVA/O

Cuando no estaba enseñando una clase, me iba a bailar baile de salón. Tomé clases de baile en Arthur Murray International Dance Studio, un famoso estudio de baile que enseña baile por todo el país. Me encanta el arte de la danza. Me encanta liberar energía, mover mi cuerpo al compás de la música. A diferencia de bailar con amigos y familia, el baile de salón es más que otro estilo de baile. El baile de salón requiere habilidad y disciplina.

Hay dos tipos principales del baile de salón. El primero se llama estilo suave, *smooth style*, y el otro se llama baile de ritmo, *rhythm dancing*. Mi instructor, un danzante maravilloso y brillante, nos enseñó en la clase que el estilo suave lo componían los bailes fluidos en cuales se movía uno por toda la pista en dirección de contra-reloj. Encontrábamos pareja y bailábamos cosas como el *Foxtrot*, *Waltz*, el tango y *Viennese Waltz*. Algunos de los bailes de ritmo eran *Cha Cha*, salsa y *Quickstep*. Disfruté mucho este baile y considero el baile de salón un deporte.

En un punto en mi vida cuando estaba pasando por dificultades, me dije que tenía la opción de quedarme en la cama y dejar que me conquistara la depresión, o levantarme y poner un pie delante del otro y seguir adelante. Psicólogos en la Universidad de Pensilvania realizaron un estudio y aprendieron que personas que experimentan emociones positivas expanden sus mentes y son más resistentes a la adversidad y logran hacer más cosas. Ellos también se reponen rápido de los retrasos y se conectan mejor con otros. El baile de salón, y pasar tiempo con la gente que quiero, siempre es un goce para mí.

LECCION #4: NO GUARDE RESENTIMIENTOS

Por muchos años yo le guardé resentimiento a mi madrastra y de nada sirvió. Perdimos valioso tiempo juntas, y con eso viviré el resto de mi vida. Guardar resentimiento sólo empeora las cosas, según la investigación. No se puede florecer si solo se enfoca en lo negativo. Al final de toda tormenta hay luz. Debemos tratar de alcanzar la luz y pedirle a Dios que nos guíe.

Cuando permitimos que el coraje nos defina, afecta todas las áreas de nuestra vida. No disfrutamos el presente porque aún estamos aferrados al pasado. Perdonar no es fácil, pero es algo que debemos aprender a hacer y hacerlo bien. Guardar resentimiento no tan solo afecta su personalidad, sino también su bienestar. Hay numerosas personas que han fallecido de ataques cardiacos, cargando resentimiento diez o cincuenta años. Suéltelos ya y deje que Dios se encargue. ¿Acaso la Biblia no nos enseña a perdonar?

LECCION #5: DISFRUTE LOS FRUTOS DE SU LABOR

Viva en el momento y comparta su buena voluntad
y buena obra con los demás

Como mencioné antes, soy de personalidad tipo A. Leí en alguna parte que personas con este tipo de personalidad persiguen metas sin sentir in sentimiento de alegría por sus esfuerzos o logros. Eso sonaba como yo era, antes que pusiera a Dios primero en mi vida.

He aprendido a ir más lento y a disfrutar la vida. Aconsejo a todos a tomar un momento para disfrutar los frutos de su labor. De nuevo, tome un momento de su rutina diaria para admirar la belleza de la naturaleza, relajar su cuerpo, disfrutar la gente en su vida, y ser alegre y feliz.

Cuando se aprende a relajarse y a reflexionar en los pequeños placeres de la vida, uno está viviendo de verdad. La vida puede ser tan caótica a veces, haciendo que perdamos las cosas que verdaderamente importan. Nos quejamos de nuestras circunstancias o nos volvemos celosos de aquellos que creemos viven vidas perfectas. Créame, nadie tiene una vida perfecta y está contento todo el tiempo. Todos tienen luchas, incluso millonarios. Tal vez ellos no se preocupan de mantener la luz encendida, pero sí se preocupan de otras cosas. Algunos no captan el propósito de su existir y lo buscan en el alcohol y en las drogas.

LECCION #6: LA BELLEZA Y EL PODER DEL AMOR

Ayudar a niños con desventajas a través de los años, me ha demostrado el poder del amor para sanar viejas heridas. Por eso me cercioro de darles muchos abrazos y mucho amor. La belleza del amor no tiene fin. Yo animo a todos a salir y encontrar a tres personas a quien decirle algo precioso tres veces al día. No tan solo ayudará a la persona, sino también la/o ayudará a usted.

A través de los años he recibido numerosas placas, reconocimientos, certificados, y premios por mi trabajo con los niños en el sistema de crianza temporal, mi servicio comunitario, y mi trabajo con Coppin State University y La Casa de Tía Hattie. Soy una presentadora regular en Comcast, en CNN Newsmaker, y en otros programas de televisión, y en WOLB Internet Radio. Además, usualmente salen notas en los periódicos de La Casa de Tía Hattie y el éxito de mis hijos-acogidos. Estoy agradecida por el reconocimiento, pero no soy yo. Es cien por ciento Dios.

El Señor estableció la visión para La Casa de Tía Hattie. Aún sostengo la fe de que Dios continúa haciendo su voluntad, aunque yo no entienda o vea el por qué ahora. Francamente, el cierre de la tercera casa de crianza temporal para niños en Sandy Spring me ha permitido tiempo para reflexionar sobre la vida y escribir este libro. Lo veo como un camino de fe y lo que el Señor tiene para mí. He leído muchos versos bíblicos sobre la fe. Me han sostenido y dado la fuerza que necesito para mantenerme positiva.

~

Otras pequeñas lecciones aprendidas que trato de poner en práctica a diario:
- Nunca hay que darse por vencida/o aunque nos rete la vida. Más bien veamos los retos como pequeños hoyos en el camino o simplemente desviaciones.
- La fe requiere menos energía que la duda y la ira; así que, no pierda su energía preocupándose o estando enojada/o.
- La familia no es tan solo la familia genética. Cualquier persona amable y cariñosa puede ser como familia.
- La felicidad no viene con un signo de dólares. La felicidad es como un sentimiento de lindos recuerdos de personas, lugares y situaciones especiales del pasado, en el presente, y en el futuro.
- La vida es como uno la hace. Debemos de aprovechar al máximo el tiempo que tenemos aquí sobre la Tierra y vivir el momento presente en vez de vivir en el pasado y sentir que nuestro futuro no será mejor que nuestro presente.
- Cómo pensamos y qué pensamos de la vida se convierte en nuestra verdad. Su copa, ¿está mitad llena ó mitad vacía? ¡Miré la vida con una perspectiva nueva este año! Sea optimista.

Siempre recuerde mantener a Dios primero.

Cartas de agradecimiento de mis hijas e hijo-acogido

UNA CARTA DE CHERYL *(Hija menor, abogada)*

Queridísima Mamá,

La mejor manera de comenzar esta carta es simplemente diciendo: ¡GRACIAS! Gracias por ser el tipo de mamá que has sido y eres conmigo, el tipo de mamá que: pone el ejemplo y me empuja a rebasar mis propias expectativas; ejemplifica la sagrada escritura que dice que la fe sin trabajo está muerta; aboga por quienes no son los favorecidos; es generosa con su tiempo, su talento y su tesoro; y me apoya aún cuando no estés de acuerdo con mis decisiones. Gracias por ser el tipo de mamá que se aseguró de criar a mi hermana y a mí para ser señoritas bien hechas que verdaderamente creían que iban a ser una doctora y una abogada y no simplemente a casarse con uno. Y ¡gracias por ser mi ejemplo modelo y amiga!

Tu corazón por el servicio comunitario y gran ética de trabajo impactaron mi vida cuando trabajé contigo en La Casa de Tía Hattie durante seis años, y también a lo largo de mi carrera. Tú me has enseñado a considerar aquellos menos afortunados y a respetar a todos por igual sin importar su estatus socioeconómico. Me enseñaste que las relaciones lo son todo y que el ser amable te llevará más lejos en la vida. ¡Has hecho tantas cosas para que yo sea la persona que soy hoy día! Desde clases de piano y de ballet, a tap y danzas escocesas; desde alentarme a ir a la escuela de leyes, a contratarme como directora ejecutiva de La Casa de Tía Hattie a los 24 años de edad y recién graduada de la escuela de leyes; desde mandarme a Harvard Business School para cursar su programa de educación ejecutiva en perspectivas estratégicas en la administración de organizaciones sin fines de lucro, a asegurar que tomara a temprana edad y etapa en mi carrera los venerable cursos de Greater Baltimore Committee's Leadership Program, The Leadership Maryland, Associate Black Charities Leadership, y The Harry and Jeannette

Weinberg Nonprofit Executive Directors Fellowship Program. ¡Todas estas cosas han impactado mi vida tremendamente!

¡Las palabras solas no pueden expresar lo orgullosa que soy de llamarte Mamá y de expresarte el profundo amor y aprecio y respeto que siento por ti! ¡Te deseo puro éxito con este libro! ¡Tienes muchas joyas y lecciones de vida que compartir con el mundo!

Te quiero,
Tu niña, Cheryl

~

UNA CARTA DE CHARRELL *(Hija mayor, doctora)*

Carta a mi madre, Dra. Hattie N. Washington

Mi madre nos ha dado tanto a mi hermana y a mí. No encuentro cómo decir lo bendecida y afortunada que me siento de tener una madre tan increíble, bella y temerosa de Dios que Hattie Washington. Solo puedo tratar de emular algunas de estas mismas cualidades para el bien de mis dos hijas. Cuando yo era niña, mi madre vino a todos nuestros eventos y obras y presentaciones escolares y reuniones de padres y maestros, inclusive después de un día largo de enseñar.

Hubo momentos en que yo no fui la niña mejor comportada. Mi madre no tan solo me disciplinó con sus manos, pero también con sus palabras sabias. Ella siempre dijo lo correcto y sacrificó su tiempo por nosotras. Le doy las gracias por sus sacrificios ilimitados que hizo para darnos a mi hermana y a mí una mejor vida de la que ella tuvo. Ella creyó en mis sueños de ser doctora y me alentó a terminar la escuela de medicina cuando yo quería darme por vencida.

Por todo esto, te digo ¡gracias! Y digo: dále abrazos y besos a tu madre, ya sea tu madre de nacimiento o quien te ha querido como hija/o propia/o. Como dice el dicho, dále flores a tu madre mientras está viva. Gracias por simplemente ser Mamá.

Charrell Washington Thomas, M.D.

~

TRIBUTO POR UNA VIDA CAMBIADA
por
Wayne Saunders

A continuación, es una selección de una carta escrita por Wayne Saunders, hijo-acogido de la Dra. Hattie N. Washington, como un tributo a su "Mamá" y el cambio profundo que ella ha tenido en su vida.

~

Mientras que todos los demás hijos-acogidos llaman a mi mamá "Tía Hattie", yo la llamo "Mamá" porque siento que ella me adoptó en su familia y viví en su casa personal, y no simplemente en cualquier casa de crianza temporal para niños. Cuando oficialmente se abrió la casa de crianza temporal en 1997, yo estaba en décimo grado y muy contento que ella permitió que me quedara viviendo en su casa personal para que terminara en la preparatoria donde yo cursaba en aquel entonces.

Como la primera persona en mi familia de graduarse de la universidad y trabajar en el campo de tecnología, usted necesita entender por qué aprecio tanto a esta mujer fenomenal por su impacto, influencia e inspiración en mi vida. Mi hermano mayor y yo nos convertimos en hijos del sistema de crianza temporal cuando yo tenía once años porque nuestra madre biológica fue adicta a las drogas. Nos colocaron en dos casas de crianza diferentes. Yo tuve la fortuna de ser colocado en el lugar de la Dra. Washington, que en aquel entonces era superintendente asistente de las escuelas de Baltimore City. Yo ha había entrado y salido de varias escuelas, a causa de mi situación inestable en el hogar. Desafortunadamente, mi hermano no llegó a la universidad; sin embargo, mi "Mamá" promovía la educación y me conectó a numerosos mentores, al enriquecimiento cultural y a actividades recreativas y espirituales, que me han forjado en la persona que hoy soy.

A pesar de mis circunstancias, mi mamá siempre me enseñó a corres-

ponder y a tratar de ayudar a alguien más, así como ella me ayudó a mí. Ella me dijo al principio, cuando primero fui a su casa y tenía yo once años, que ella me iba a dar una oportunidad de convertirme en alguien, pero que iba a depender de mí para que se hiciera realidad. Además, ella me decía constantemente una y otra vez que para todo hay una razón y que no tuviera coraje con mi mamá biológica o con otros familiares con los que no pude irme a vivir. Más tarde comprendí lo que quería decir —cuando atravesé el escenario el día de mi graduación.

Mi mamá es mi modelo a seguir. Ha sido un excelente ejemplo a seguir, como también lo han sido sus hijas, mis hermanas-adoptivas; una es doctora y la otra es abogada. De manera que mi meta es siempre vivir a la altura que ella me inculcó y corresponderle a la comunidad. Si puedo influir en una persona (especialmente en otro niño en el sistema de crianza temporal) para que algo de sí mismo, lo haré.

~

Entrevistas

Aunt Hattie
Cheryl Washington
Reverend Samuel Williams, Jr.
Robert "Bob" Hamlin
Rebecca "Beck" Lee
†Reverend J. Samuel Williams, Jr.
†Robert "Bob" Hamlin
†Joy Cabarrus Speakes
†Edwilda Allen

---

†Entrevistas con los huelguistas originales de la huelga en R. R. Moton High School en 1951 se llevaron a cabo en The Moton Museum, 711 Griffin Blvd. Farmville, VA 23901.
–Entrevistas narrativas de Joy Cabarrus Speakes y Elwilda Allen, huelguistas originales de la huelga en R. R. Moton High School en 1951 que fue el catalizador del caso historico *Brown v. Board*.
–Entrevistas extensas con el Reverendo J. Samuel Williams, Jr., Pastor de Levi Baptist Church en Green Bay, Virginia en Prince Edward County y Robert ("Bob") Hamlin, docente que sirvió de guía de las colecciones históricas de R. R. Moton Museum. Reverendo Williams y Bob Hamlin Tambien fueron parte de la huelga original de 1951 y afectados por el cierre de escuelas.

THE HOUSE OF RUTH—Asistencia para familias victimizadas por violencia doméstica

www.houseofruthinc.org
House of Ruth
P.O. Box 459
Claremont, CA 91711
Phone: 909-623-4364
Fax: 909-629-9581
24-Hour Crisis Hotline: (877) 988-5559

RECURSOS PARA LA IMPORTANCIA DEL MUSEO R. R. MOTON EN PRINCE EDWARD COUNTY, VIRGINIA

Estos recursos pueden ser utilizados para educar a los lectores sobre la importancia de esta area y el impacto que tuvo en el caso histórico: *Brown v. Board of Education*. Por favor, visite el Moton Museum en Farmville, VA, y el sitio de internet: www.motonmuseum.org. Esto también apoyará el financiamento del museo mientras se comparte la historia de esta comunidad con el mundo.

Libros
1. They Closed Their Schools por: Bob Smith ISBN 978-0-9818882-0-0
2. The Moton School Story: Children of Courage por Larissa Smith Ferguson, Ph.D. ISBN 978-1-59091-123-5
3. Bound For Freedom por Neil Sullivan ISBN 978-0-0-982-4880-1-0
4. Browns Battleground por Jill Ogline Titus; ISBN 978-0-8078-3507-4
5. You Need A Schoolhouse por Stephanie Deutsch; ISBN 978-0-8101-2790-6
6. The Girl From The Tarpaper School: Barbara Johns y The Ad-

vent of The Civil Rights Movement por Teri Kanefield; ISBN 978-1-4197-0796-4
7. Students on Strike, A Memoir of John A. Stokes with Lola Wolfe Ph.D.; ISBN 978-1-4263-0153-7
8. Exilic Existence por: Rev. J. Samuel Williams Jr.; ISBN 978-1-4670-3692-2
9. Educated In Spite Of: A Promise Kept por Dorothy L. Holcomb; ISBN 978-0-9893470-0-

DVDs
1. Strike A Call To Action: The Dramatic Story of the 1951 Student Strike
2. Farmville: An American Story (colección especial, disponible únicamente en el museo)
3. Mr. Stokes' Mission: A Story about Education and Equality; (No ISBN)
4. Farmville An American Story (colección especial, disponible únicamente en el museo)
5. The Vernon Johns Story: The Road To Freedom; ISBN 1-59837-395-1

Enlaces
1. www.motonmuseum.org
2. http://www.encyclopediavirginia.org/search?type=article&keywords= Barbara+Johns
3. http://www.encyclopediavirginia.org/Moton_School_Strike_and_Prince_Edward_County_ School Closings
4. http://www.encyclopediavirginia.org/Hill_Oliver_W_1907-2007
5. http://www.encyclopediavirginia.org/Massive_Resistance
6. http://www.encyclopediavirginia.org/media_player?mets_file name=evm00001062mets.xml
7. http://www.encyclopediavirginia.org/Farmville_Protests_of_1963

8. http://www.pbs.org/wnet/jimcrow/stories_people_johns.html
9. http://www.archives.gov/education/lessons/davis-case/
10. http://www.lva.virginia.gov/exhibits/brown/decision.htm
11. http://www.neh.gov/humanities/2013/septemberoctober/feature/massive-resistance-in-small-town
12. http://americanhistory.si.edu/brown/history/4-five/farmville-virginia-1.html

OTRAS ORGANIZACIONES QUE APOYAN A LOS NIÑOS Y AL CAMBIO POSITIVO

National Council For Negro Women, www.ncnw.org
Hoy, National Council of Negro Women, Inc. (NCNW) es un consejo de 39 organizaciones nacionales de mujeres afro-americanas y más de 240 secciones conectando a casi 4 millones de mujeres alrededor del mundo. La misión de NCNW es liderar, desarrollar y abogar por mujeres de descendencia Africana mientras apoyan a sus hijos y comunidad. Realizan su misión a través de la investigación, y programas de educacion y de desarollo económico en los Estados Unidos y Africa. A través de afiliados voluntarios, NCNW atiende las necesidades locales y logra un impacto nacional. Para más información y unirse, visite: **www.ncnw.org**

The Children Defense Fund (CDF)
CDF es un grupo de investigación y de abogacía para niños, fundado en 1973 por. Marian. Wright Edelmean. Su lema, ningún niño se queda atrás, refleja su misión de abogar por los niños. Esta organización está asegurando que todos los niños empiecen igual con la ayuda de donaciones privadas. Para más información del CDF, visite su sitio: **http://www.childrensdefense.org**/ 25 E. St. NW Washington, DC

Black Women For Positive Change (BW4PC)
Bkwomen4Poschange@gmail.com
http://www.blackwomenforpositivechange.org/
Black Women for Positive Change es una red nacional que se enfoca en políticas, organizada en 2013, con dos metas primarias: (1) Contribuir positivamente a las ideas y a los métodos que pueden fortalecer y expander la clase media estadounidense, con enfasis en la comunidad afro-americana; y (2) cambiar la cultura de violencia en los Estados Unidos. Para más información, visite su sitio de internet: http://www.blackwomenforpositivechange.org/

Reconocimiento especial de la autora

Quisiera dar un reconocimiento especial a las siguientes personas: Gracias a Lorenzo Goganious, a su esposa, Bettie, a su hermana, Barbara, y a familia entera. Ellos me han ofrecido sus rezos, su ánimo y un espacio tranquilo para escribir la primera versión de mis memorias y ahora esta versión actualizada.

Gracias para: mis hermanas Jean, Terrie, Sheila (y su esposo, Walter), Edna, Eula, y mis hermanos, el obispo Dr. Samuel Neal, III, Larry Lee y Arnold Neal; William Johns (quien leyó el primer libro y mandó muchos elogios); y para todos mis parientes cercanos y lejanos, y todos mis mentores, madres y padres, que han influido mi vida; inclusive gracias a todos quienes no mencioné en estas memorias.

Gracias a mi aldea de simpatizantes que continúan apoyándome y brindándome sus rezos y ayuda: Renee Robinson, Wilma Dean, Malcolm Riley, Jean Hundley, Reverendo Samuel Neal, III, Terrie Waddell, Larry Lee, Sheila y Walter Clark, Arnold Neal, Barbara e Ike Munden, Lorenzo y Miriam Goganious, III (LG); Keith e Ingrid Goganious, Jackie Goganious, Charlie Ella Clark, Phyllis y Anthony Freeman, Ethel Mitchell, y Eric Waddy.

Gracias para: el Reverendo Dr. Haywood A. Robinson, III y The People's Community Baptist Church (TPCBC), y The Coalition of Faith-Based Institutions, Reverendo Dr. Henry P. Davis, III y The First Baptist Church of Highland Park.

Gracias a mi familia de Coppin State University: Dr. Mortimer Neufville, Dra. Sadie Gregory, Dr. James Takona y facultad y personal de CASE, especialmente mis amigos, colegas y personal de School of Education (SOE); y gracias a mi departamento de Teaching and Learning: Dr. Yi Huang, Marjorie Miles, Jackie Williams,

Daniel Joseph, Glynis Barber, Delores Harvey, Mable Murray, Jean Ragin, Johnnie Brinson, Jermaine Ellerbe, Thomas James, Gerri Bohana, Robert Eccles, Alexandria Ryce, Daphanie Roseborough, Ashley McLeod y mucho aprecio para Arlene Samuel, Karen Lewis, Veronica Mack, Victoria Johnson y Deborah Stone, Doug Dalzell y personal, Andrew Brezinsky, Eunice Fall, Tara Turner, Tiffany Jones, Dra. Mary Wanza, Dra. Mary Owens, Dra. Judith Wilner; y antiguos estudiantes de la Dra. Washington: Tamaria Price, Florence Onyekaonwu, Wendy Bozel.

Gracias al museo The Robert Russa Moton Museum y a The Farmville Virginia Connection: Sherre Atkins, Brenda Richards, Shirley Eanes; Joy Cabarrus Speakes y Edwilda Allen (huelguistas originales R. R. Moton High School en 1951, por sus entrevistas), Robert Hamlin, Docent of Moton Museum; Reverendo J. Samuel Williams, Jr., el pastor y la congregación de Levi Baptist Church en Green Bay, Virginia; Rebecca "Beck" Lee Randolph (Memory Lane Tour Guide), Patricia Lee Adams, y Shirley Reed Ray, Reverendo Barbara Reed, Dora Reed, Estelle McCormick, Ralph Stokes, Juanita McCormick, Kea Taylor de Imagine Photography (www.imagine-photography.com), y Edmund Warthen de Warthen Photos (www.dwarthenphoto.com).

Gracias a los amigos de Facebook y LinkedIn, y también a los amigos de mis hijas e hijo.

Nota especial
Si me olvidé de alguien,
es culpa de mi cabeza y no de mi corazón.
Gracias a todos y a cada uno de ustedes.
Con mucho amor y que Dios los bendiga,
Hattie

Otro libro por la Dra. Hattie N. Washington

***EL LIBRO DE RECETAS DE TÍA HATTIE:
COMIDAS SUREÑAS CASERAS FAVORITAS***

Tía Hattie disfrutando uno de sus pasatiempos favoritos: cocinar comida sureña

ACERCA DE LA AUTORA: Los títulos de la Dra. Washington incluyen: un bachillerato en ciencias de la educación primaria con una concentración ne educación especial de Norfolk State University; una maestría en psicología de Ball State University (Atenas, Grecia, programa en el extranjero); y un doctorado en currículum e instrucción de University of Maryland College Park. Ha realizado más cursos pos-graduados: educación multicultural y educación especial en Glasgow University en Escocia, Reino Unido (becada por Rotary International Fellowship); y administración ejecutiva en Harvard University en Boston; y también Institutional Accountability in Higher Education de Oxford University en Londres, Inglaterra. La Dra. Washington enseñó por años en los Estados Unidos, Grecia, Escocia y el Reino Unido.

Dra. Washington fue la primera mujer vice-presidente de Coppin State University (CSU). Antes de CSU, fue superintendent asistente de escuelas públicas, Baltimore City Public Schools (BCPS) dónde originó la visión de Aunt Hattie's Place, una casa de crianza temporal para niños en el sistema de colocación. Y antes de BCPS, ella fue una especialista de programas para Maryland State Department of Education (MSDE). Ella ha recibido numerosos reconocimientos, placas, nombramientos y más por su trabajo Aunt Hattie's Place, CSU, los niños en el sistema de crianza temporal, y organizaciones comunitarias. Algunos de estos incluyen: Top 100 Minority Business Entrepreneurial of the Year (2009 and 2012); Maryland Women's Commission 2018 Hall of Fame Award en reconocimiento de su "Legacy of Leadership, Service and Excellence, legado de liderazgo, servicio y excelencia".

La Dra. Washington es una madre devota de dos hijas profesionales (una doctora y una abogada), es una abuela orgullosa de sus dos bellas nietas, y una madre de crianza temporal para más de 100 niños-acogidos en un periodo de más de 22 años. Ella reside en Maryland, donde disfruta su tiempo leyendo, escribiendo, dando presentaciones motivadoras, haciendo servicio en la comunidad, viajando, bailando baile de salón, cocinando comida sureña, aprendiendo a tocar el piano, y simplemente conviviendo con familia y amigos.

Para aprender más sobre el libro de la Dra. Washington, *Determinada a triunfar: Unas memorias inspiradoras de lecciones aprendidas a través de la fe, la familia y el favor* y su otro libro de cocina publicado, *Aunt Hattie's Cookbook: Southern Comfort Food Favorites*, favor de contactarla directamente en: drhattie@washingtonpublishingenterprises.com; y/o visite su sitio de internet: www.drhnwashington.com.

Gracias de la casa editora

Gracias por leer un libro publicado por Washington Publishing Enterprises. Espero haya disfrutado este primer libro hecho con amor.

Le agradecería si compartiera conmigo sus reflexiones sobre el libro o escribiera una crítica para Amazon.com (y también enviarla a info@drhnwashington.com).

Este libro está disponible en pasta blanda, pasta dura, y como libro electrónico y auditivo.

Por favor visite el sitio de internet www.drhnwashington.com para aprender más sobre próximos eventos y presentaciones de la Dra. Washington.

Hanover • Jacksonville • Virginia Beach • Norfolk

www.ingramcontent.com/pod-product-compliance
Lightning Source LLC
Chambersburg PA
CBHW030051100526
44591CB00008B/105